MAHOMA
LA VIDA DEL MISSATGER DE LA PAU

Índex

Avís de drets d'autor

Tots els drets reservats. Cap part d'aquest llibre no es pot reproduir, distribuir o transmetre de cap forma ni per cap mitjà, incloses la fotocòpia, l'enregistrament o qualsevol altre mètode electrònic o mecànic, sense el permís previ per escrit de l'editor, excepte quan ho permet la llei de drets d'autor.

Introducció

En la gran extensió de la història humana, pocs individus han deixat un impacte tan profund i durador com el profeta Mahoma (la pau sigui amb ell). Nascut als deserts d'Aràbia fa més de catorze segles, la seva vida i els seus ensenyaments continuen ressonant entre milions de persones a tot el món. Aquest llibre pretén explorar el viatge polifacètic de Mahoma, no només com a figura històrica, sinó com a missatger de la pau, un far de justícia i una font de saviesa perdurable.

La península aràbiga, abans de l'arribada de l'islam, era una terra plena de conflictes tribals i creences paganes. Va ser en aquest entorn on Muhammad va néixer, va quedar orfe de jove i va créixer amb una reputació d'honestedat i integritat. Els seus primers anys, marcats per pèrdues personals i reptes socials, van donar forma a un personatge que més tard revolucionaria el món.

La profunda experiència a la cova d'Hira, on Mahoma va rebre la primera revelació, va marcar l'inici de la seva missió profètica. Aquest moment, encapsulat en les paraules "Llegeix en el nom del teu Senyor", no només va canviar la seva vida sinó que també va marcar el rumb per a la transformació de societats senceres. Des de les reunions secretes inicials fins a la declaració pública del seu missatge, el viatge de Mahoma va estar ple de persecucions, proves i una fe inquebrantable.

Aquest llibre està dividit en trenta capítols, cadascun d'ells aprofundint en diferents aspectes de la vida de Mahoma. Explorarem els seus primers anys, els reptes que va enfrontar, les batalles que va lliurar i els tractats que va establir. Veurem les seves relacions personals, el seu paper com a home de família, les seves interaccions amb persones d'altres religions i els seus ensenyaments sobre justícia social, economia i lideratge.

També examinarem el llegat perdurable de Mahoma, des de la compilació de l'Alcorà i l'Hadith fins a la difusió de l'Islam i els seus principis pels continents. El seu pelegrinatge de comiat i el seu sermó final, carregats d'una guia atemporal, encapsulen l'essència del seu missatge: un de pau, compassió i justícia.

Aquest llibre pretén presentar una visió equilibrada i completa de la vida de Mahoma, basant-se en fonts històriques, relats biogràfics i interpretacions erudites. Està escrit amb la intenció d'informar, inspirar i proporcionar una comprensió més profunda de l'home que va canviar el curs de la història.

Quan ens embarquem en aquest viatge a través dels capítols de la vida de Mahoma, que no només aconseguim coneixements, sinó que també ens inspirem en el seu exemple per portar una vida d'integritat, compassió i pau.

Capítol 1: L'Aràbia abans de l'Islam

Abans de l'arribada de l'islam, la península aràbiga era una terra de forts contrastos i influències diverses. Els seus extensos deserts, muntanyes escarpades i oasis escassos van donar forma a la vida dels seus habitants, fomentant una societat marcada tant per la resiliència com per la conflictivitat. La ubicació estratègica de la regió a la cruïlla de camins d'Àfrica, Àsia i Europa la va convertir en un centre comercial i d'intercanvi cultural, però el seu interior va romandre en gran part aïllat i subdesenvolupat.

La societat àrab era predominantment tribal, amb una lleialtat a la pròpia tribu que superava totes les altres lleialtats. Cada tribu tenia els seus propis costums, lleis i estructures de govern, sovint conduint a rivalitats intertribals i escaramusses freqüents. Aquests conflictes es solien alimentar per la competència per recursos com l'aigua, les terres de pastura i les rutes comercials. Malgrat aquestes rivalitats, un codi d'hospitalitat i honor, conegut com "muruwa", va tenir un paper crucial en el manteniment de l'ordre social.

Econòmicament, l'Aràbia preislàmica era diversa. Les regions costaneres, especialment al sud, estaven implicades en el comerç a llarga distància, connectant amb les civilitzacions de Pèrsia, Bizanci, l'Índia i Àfrica. La ciutat de la Meca, en particular, va ser un important centre comercial, que va atreure comerciants de tot arreu. També va ser un centre religiós, llar de la Kaaba, un santuari sagrat que albergava nombrosos ídols i atreia pelegrins de diverses tribus.

La religió a l'Aràbia preislàmica era principalment politeista. La majoria dels àrabs adoraven un panteó de divinitats, cadascuna associada amb diferents aspectes de la vida i la natura. La Kaaba de la Meca va acollir aquests ídols, convertint-la en un lloc central de culte i pelegrinatge. Al costat del politeisme, hi havia butxaques de creences monoteistes, com el judaisme, el cristianisme i el zoroastrisme, introduïdes per comerciants i colons de les regions veïnes. Aquestes comunitats monoteistes van conviure amb les pràctiques politeistes dominants, contribuint al mosaic religiós de la regió.

Socialment, la societat àrab era profundament patriarcal, amb els homes que tenien l'autoritat principal dins de la tribu i la família. Les dones, encara que generalment subordinades als homes, van tenir un paper important en el manteniment de la cohesió tribal i familiar. En algunes tribus, les dones podien posseir propietats, triar els seus cònjuges i participar en el comerç, cosa que indica un nivell de complexitat i variació social.

La vida literària i cultural de l'Aràbia preislàmica va ser rica, especialment en l'àmbit de la poesia. Els poetes tenien posicions estimades a la societat, els seus versos servien com a mitjà per preservar la història, expressar l'orgull tribal i transmetre valors socials. La fira anual d'Ukaz va ser un esdeveniment cultural notable on els poetes competien i recitaven les seves obres, contribuint a la vibrant tradició oral que caracteritzava la cultura àrab.

En aquest entorn complex i dinàmic, es va preparar l'escenari per a un canvi transformador. Les disparitats socioeconòmiques, els problemes morals i la pluralitat religiosa van crear un context madur per a un moviment unificador i reformador. Va ser en aquest entorn on va néixer Mahoma, destinat a convertir-se en un catalitzador de canvis profunds i a deixar una empremta indeleble en la història.

Capítol 2: El naixement d'un profeta

Al cor de la península aràbiga, a la bulliciosa ciutat de la Meca, va néixer un nen que algun dia transformaria el món. Va ser l'any 570 dC, conegut en la tradició islàmica com l'Any de l'Elefant. Aquesta designació prové d'un esdeveniment que va implicar un exèrcit abissí liderat per Abraha, que va intentar destruir la Kaaba amb un elefant de guerra, només per ser derrotat miraculosament. Enmig d'aquest escenari d'intervenció divina i prominència meca, Aminah bint Wahb va donar a llum un fill anomenat Muhammad.

El llinatge de Mahoma era noble. Provenia del clan Banu Hashim de la tribu Quraysh, custodi de la Kaaba i líders respectats a la Meca. El seu pare, Abdullah, havia mort abans del naixement de Mahoma, deixant-lo orfe des del primer moment. L'avi del nen, Abdul Muttalib, va assumir la tutela, oferint-li amor i protecció. L'estimat llinatge dels Banu Hashim es remunta a Ismael, el fill d'Abraham, una connexió que va subratllar l'herència profètica de Mahoma.

Els costums àrabs de l'època dictaven que els infants fossin enviats al desert perquè fossin alletats i criats per nodrisses beduïnes, una pràctica que es creia que els enfortia físicament i moralment. Mahoma va ser confiat a Halima Sa'diyah, una dona de la tribu Banu Sa'd. La família d'Halima va experimentar benediccions immediates amb Muhammad a la seva cura; les seves terres abans àrids van florir i el seu bestiar va prosperar. Aquests primers anys al desert van impregnar Mahoma d'una profunda connexió amb la natura i una constitució física robusta, alhora que van donar forma a la seva eloqüència i puresa de parla, qualitats molt estimades a la cultura àrab.

A l'edat de sis anys, la tragèdia va tornar a colpejar quan la mare de Mahoma, Aminah, va morir durant un viatge per visitar els seus oncles paterns a Yathrib (més tard a Medina). Ara doblement orfe, va tornar a la Meca sota la cura del seu avi, Abdul Muttalib, que l'estimava molt. Tanmateix, aquest tutor també va morir només dos anys després, quan Mahoma tenia vuit anys. Aleshores, la responsabilitat de criar-lo va recaure en el seu oncle, Abu Talib, que, malgrat els seus modestos mitjans, va tractar Mahoma amb l'afecte d'un pare.

La cura d'Abu Talib va ser fonamental durant els anys de formació de Mahoma. Participant en el negoci familiar, Muhammad sovint acompanyava el seu oncle en el comerç de caravanes a Síria, donant-li exposició al món en general. Aquests viatges van ampliar els seus horitzons, apropant-lo a diverses cultures i religions, entre elles el cristianisme i el judaisme. L'honestedat i la confiança que va mostrar durant aquestes empreses li van valer el sobrenom "Al-Amin", que significa "el digne de confiança".

Durant la seva joventut, Mahoma va treballar com a pastor, un paper comú entre els profetes de la tradició islàmica. Aquesta ocupació va fomentar la paciència, la humilitat i un profund sentit de la responsabilitat. La seva reputació d'integritat es va estendre per la Meca, cridant l'atenció de Khadijah bint Khuwaylid, una vídua rica i respectada dedicada al comerç. Impressionat pel seu caràcter, Khadijah va emprar Muhammad per gestionar les seves empreses comercials, una decisió que va resultar mútuament beneficiosa.

La confiança de Khadijah en les habilitats i l'honestedat de Muhammad va culminar amb una pròspera associació que aviat es va convertir en un vincle personal. Malgrat la seva diferència d'edat —Khadijah era quinze anys més gran que ell—, el seu respecte i admiració mutus els van portar al matrimoni. Aquesta unió va ser beneïda amb sis fills: dos fills, que van morir en la infància, i quatre filles: Zainab, Ruqayyah, Umm Kulthum i Fatimah. El suport inquebrantable de Khadijah i la creença en la missió de Mahoma van tenir un paper crucial en els primers anys de la seva profecia.

El caràcter de Mahoma, modelat per aquestes primeres experiències de pèrdua, responsabilitat i integritat moral, contrastava amb les normes imperants de la societat meca. L'elit de la ciutat estava absorta en el materialisme, el culte als ídols i les injustícies socials, pràctiques que cada cop més inquietaven a Mahoma. Sovint es retirava a la cova d'Hira al mont Noor, buscant solitud i reflexió. Va ser en aquesta cova, als quaranta anys, on va rebre la primera revelació d'Al·là a través de l'àngel Gabriel, que va marcar l'inici de la seva missió profètica.

El naixement i els primers anys de Mahoma van preparar l'escenari per a un viatge transformador. El seu llinatge el va connectar amb una herència noble, mentre que la seva educació el va dotar d'un caràcter d'integritat i empatia inigualables. Aquests anys de formació van estar marcats per una sèrie d'esdeveniments que no només van configurar la seva personalitat sinó que també el van preparar per a la monumental tasca de la profecia. Els valors d'honestedat, compassió i justícia que va encarnar aviat ressonarien a través dels seus ensenyaments, oferint un far d'orientació a un món que necessitava un rejoveniment moral i espiritual.

La vida primerenca de Mahoma és un testimoni de la resiliència davant l'adversitat i el cultiu de les virtuts enmig de les turbulències socials. La seva història, des d'un orfe vulnerable fins a un comerciant respectat i, finalment, a un profeta, és una narració profunda del destí diví i l'excel·lència humana. A mesura que aprofundim en la seva vida, assistim al desenvolupament d'un viatge que canviaria per sempre el curs de la història i il·luminaria el camí d'innombrables ànimes.

Capítol 3: El nen orfe

Els primers anys de vida de Mahoma com a orfe van influir profundament en el seu caràcter i la seva missió futura. Nascut a la noble tribu Quraysh, Mahoma va perdre el seu pare, Abdullah, abans del seu naixement. Aquesta pèrdua inicial va marcar l'inici d'una sèrie de tragèdies personals que donarien forma a la seva empatia, resiliència i sentit de la justícia.

La mare de Mahoma, Aminah, li va proporcionar una tendresa cura i afecte. Quan només tenia sis anys, Aminah va decidir portar-lo a un viatge a Yathrib (més tard conegut com a Medina) per visitar la seva família extensa. Aquest viatge va ser significatiu, ja que va introduir el jove Mahoma a la ciutat que després esdevindria fonamental en la seva missió profètica. Tanmateix, el viatge de tornada a la Meca va prendre un gir tràgic quan Aminah va emmalaltir i va morir a Al-Abwa, un poble entre la Meca i Medina. Muhammad, ara doble orfe, va quedar a càrrec del seu avi, Abdul Muttalib.

Abdul Muttalib, un líder respectat de la tribu Quraysh i guardià de la Kaaba, va tractar Mahoma amb gran afecte i cura. Va reconèixer alguna cosa especial en el seu nét, sovint el mantenia a prop durant reunions i discussions tribals importants. Malgrat la seva edat i el pes de les seves responsabilitats, Abdul Muttalib va assegurar que Muhammad estigués ben cuidat i impregnat dels valors de l'honor, la generositat i el lideratge.

Tanmateix, aquest període d'estabilitat relativa va ser de curta durada. Quan Muhammad tenia vuit anys, Abdul Muttalib va morir, submergint-lo una vegada més en la incertesa. Abans de la seva mort, Abdul Muttalib va confiar Mahoma al seu fill, Abu Talib, que no només era l'oncle de Mahoma sinó també una figura destacada de la tribu Quraysh. Malgrat els seus modestos mitjans, Abu Talib va acceptar aquesta responsabilitat amb una dedicació inquebrantable, criant Mahoma al costat dels seus propis fills.

La llar d'Abu Talib era un entorn enriquidor on Mahoma va establir vincles estrets amb els seus cosins, especialment Ali ibn Abi Talib, que més tard es convertiria en una figura important de l'Islam. Sota la cura d'Abu Talib, Muhammad va continuar desenvolupant les qualitats d'honestedat, bondat i saviesa que més tard definirien la seva missió profètica. El suport d'Abu Talib es va estendre més enllà de la mera tutela; es va convertir en un mentor i protector, guiant a Mahoma a través de les complexitats de la societat meca.

Durant la seva joventut, Mahoma va treballar com a pastor, atenent els ramats als turons escarpats que envolten la Meca. Aquesta experiència va ser més que un mitjà de vida; va ser un període de formació que li va inculcar paciència, responsabilitat i una profunda connexió amb la natura. La solitud del pastor va oferir un temps suficient per a la reflexió i la contemplació, qualitats que esdevindrien integrants del seu desenvolupament espiritual.

A mesura que Mahoma es va fer gran, va començar a acompanyar Abu Talib en viatges comercials a Síria. Aquests viatges el van exposar a diverses cultures, religions i formes de vida, ampliant els seus horitzons i aprofundint la seva comprensió del món. La seva observació aguda i el seu sentit innat de la justícia eren evidents en els seus tractes, fet que li va valer el sobrenom "Al-Amin", el digne de confiança. Aquesta reputació d'honestedat i integritat va ser una pedra angular del seu caràcter i tindria un paper crucial en la seva futura missió.

Malgrat les dificultats que va enfrontar, els primers anys de Mahoma van estar marcats per una sèrie de relacions nutritives que van reforçar la seva brúixola moral. Les pèrdues que va patir no el van amargar; en canvi, van conrear una profunda empatia pels marginats i vulnerables. Va comprendre la difícil situació dels orfes, les vídues i els pobres, i aquestes experiències més tard informarien els seus ensenyaments i accions com a profeta.

L'educació única de Mahoma en una societat plena de tribalisme i estratificació social el va dotar d'una profunda comprensió dels seus punts forts i defectes. La seva exposició tant a la noblesa del seu llinatge com a la humilitat del pastor va proporcionar una perspectiva equilibrada que més tard guiaria els seus esforços per reformar i unificar la península aràbiga.

El viatge del nen orfe va ser d'aprenentatge continu i creixement personal. Des de la protecció del seu avi fins a la mentoria del seu oncle, cada fase de la seva vida primerenca va contribuir al desenvolupament d'un personatge definit per la resiliència, la compassió i la integritat inquebrantable. Aquestes qualitats es convertirien en la base sobre la qual bastiria la seva missió profètica, oferint un missatge d'esperança i transformació a un món necessitat.

Mentre reflexionem sobre els primers anys de Mahoma, veiem la mà del destí configurant un líder que transcendiria els reptes del seu temps per fer arribar un missatge de profund canvi espiritual i social. El nen orfe de la Meca creixeria fins a convertir-se en un missatger de pau, un far de justícia i un model d'excel·lència moral per a les generacions futures.

Capítol 4: El comerciant honest

La vida de Mahoma com a comerciant va tenir un paper fonamental en la formació del seu caràcter i l'establiment de la seva reputació molt abans que es convertís en profeta. Aquest període de la seva vida, que va de la seva joventut a l'edat mitjana, va establir les bases per a les qualitats d'honestedat, integritat i fiabilitat que es convertirien en el segell distintiu de la seva missió profètica.

Després de passar els seus primers anys com a pastor, una ocupació comuna que fomentava la paciència, la resiliència i una profunda connexió amb la natura, Mahoma va començar a aventurar-se en el comerç. El món comercial de la Meca era vibrant i animat, servint com a centre comercial clau que connectava la península aràbiga amb terres llunyanes com Síria, Iemen i Etiòpia. Com a membre de la tribu Quraysh, que controlava gran part del comerç a la Meca, Mahoma tenia accés a aquest entorn econòmic dinàmic.

La seva primera incursió significativa al món del comerç va ser sota la direcció del seu oncle, Abu Talib. Reconeixent el potencial i la naturalesa de confiança de Mahoma, Abu Talib el va portar en expedicions comercials a Síria. Aquests viatges van exposar Mahoma a diverses cultures, religions i pràctiques empresarials. Va observar de primera mà les complexitats del comerç, inclosa la negociació, la creació de confiança i la importància de la conducta ètica. Aquestes experiències van ampliar la seva comprensió i van donar forma al seu enfocament al comerç, reforçant el seu compromís amb l'honestedat i la justícia.

La reputació de Mahoma d'integritat en els negocis es va estendre ràpidament. A diferència de molts dels seus contemporanis, que sovint es dedicaven a pràctiques enganyoses per maximitzar els beneficis, Muhammad era conegut per la seva honestedat i fiabilitat. La seva adhesió als principis ètics li va valer el sobrenom "Al-Amin", que significa "el digne de confiança". Aquesta reputació no era només una etiqueta superficial; era un reflex del seu compromís constant i inquebrantable amb la veracitat i la conducta moral en tots els seus tractes.

Va ser aquesta reputació impecable la que va cridar l'atenció de Khadijah bint Khuwaylid, una vídua rica i respectada que era una figura destacada de la societat meca. Khadijah era coneguda per la seva exitosa empresa comercial, que s'estenia per la península aràbiga. Buscant un agent de confiança per gestionar els seus interessos comercials, es va sentir atreta per la reputació de Muhammad i li va oferir el càrrec. Muhammad va acceptar, i la seva actuació en aquest paper va superar totes les expectatives.

Khadijah va confiar a Mahoma una caravana a Síria, un viatge que va resultar ser un gran èxit. Al seu retorn, Muhammad va portar no només beneficis substancials, sinó també nombroses històries sobre la seva conducta ètica i el seu tracte just. La seva integritat i perspicacia empresarial van impressionar enormement Khadijah, la qual cosa la va portar a proposar matrimoni. Malgrat la diferència d'edat de quinze anys, la unió de Muhammad i Khadijah es va construir sobre el respecte mutu, l'admiració i l'amor. El seu matrimoni va ser una associació en el sentit més veritable, amb Khadijah proporcionant suport i estímul inquebrantables al llarg de la seva vida junts.

El matrimoni de Khadijah i Muhammad va marcar un punt d'inflexió en la seva vida. Amb el seu suport, Muhammad va continuar construint la seva reputació com a comerciant honest i fiable. Junts, van ser beneïts amb sis fills: dos fills, que van morir en la infància, i quatre filles: Zainab, Ruqayyah, Umm Kulthum i Fatimah. L'estabilitat i la prosperitat de la seva vida familiar van permetre a Muhammad centrar-se en qüestions socials més àmplies, desenvolupant encara més el seu sentit de la justícia i la compassió pels menys afortunats.

A més del seu èxit comercial, el caràcter i la conducta de Mahoma van començar a atraure un cercle d'amics i seguidors que es van inspirar en els seus principis. Era conegut per la seva humilitat, generositat i sentit de la justícia. Sovint utilitzava la seva riquesa per ajudar els més necessitats, donant exemple de caritat i responsabilitat social. Les seves interaccions amb persones de diferents àmbits de la vida, inclosos esclaus, orfes i pobres, van aprofundir en la seva comprensió de les desigualtats socials i la necessitat de reforma.

El paper de Mahoma com a comerciant també li va proporcionar àmplies oportunitats per a la contemplació i la reflexió espiritual. La seva integritat en els negocis era una extensió de la seva brúixola moral interior, que el va atreure cada cop més cap a la reflexió i la meditació solitàries. Sovint es retirava a la cova d'Hira, una pràctica que finalment portaria a la seva primera revelació i a l'inici de la seva missió profètica.Els anys que Mahoma va passar com a comerciant honest van ser crucials per establir les bases del seu futur paper de profeta. El seu compromís inquebrantable amb la conducta ètica, la seva reputació de fiabilitat i el seu enfocament compassiu de les relacions comercials li van obtenir respecte i admiració a la Meca. Aquestes qualitats no només van definir el seu caràcter personal sinó que també van establir l'escenari per a la profunda transformació espiritual i social que posteriorment lideraria.

Mentre reflexionem sobre la vida de Mahoma com a comerciant, veiem l'aparició d'un líder els principis del qual d'honestedat, integritat i compassió no eren mers ideals abstractes sinó realitats viscudes. El seu èxit en els negocis va ser un testimoni del poder de la conducta ètica, i la seva reputació com "Al-Amin" serviria com a pedra angular per a la seva missió profètica, oferint un model d'excel·lència moral i fiabilitat al món.

Capítol 5: La cova d'Hira

La història de la profecia del profeta Mahoma comença amb una experiència espiritual profunda a la cova d'Hira. Aquest esdeveniment cabdal va marcar l'inici d'una missió transformadora que canviaria el curs de la història. La cova d'Hira, enclavada a les escarpades muntanyes de la Meca, es va convertir en un santuari per a Mahoma, un lloc on va buscar consol i reflexió lluny de la societat materialista i moralment problemàtica del seu temps.

La preocupació creixent de Mahoma per les injustícies socials, el culte als ídols i la decadència moral predominant a la societat meca el va portar a buscar respostes i consol en solitud. Fins i tot abans de rebre la seva primera revelació, Mahoma era conegut per la seva naturalesa contemplativa. Sovint es retirava a la cova d'Hira, situada al mont Noor, a poques milles de la Meca. Aquesta ubicació remota proporcionava un entorn tranquil i tranquil per a la meditació i l'oració.

Als quaranta anys, durant el mes de Ramadà, les retirades solitàries de Mahoma es van intensificar. Va ser durant un d'aquests retirs que el curs de la seva vida, i de fet, el curs de la història humana, va canviar per sempre. Una nit, mentre estava en plena meditació, va ocórrer un esdeveniment extraordinari. Mahoma va explicar més tard que un àngel, Gabriel, va aparèixer davant seu. La presència de l'àngel era aclaparadora, omplint la cova d'una llum intensa i presència dominant.

Gabriel es va acostar a Mahoma amb una ordre que iniciaria la revelació de l'Alcorà: "Llegeix!" Mahoma, que era il·letrat, va respondre: "No puc llegir". Gabriel el va abraçar amb força i va repetir l'ordre: "Llegeix!" una i altra vegada, fins que finalment, Mahoma va preguntar: "Què he de llegir?" Aleshores, Gabriel va lliurar els primers versos del que seria l'Alcorà:

"Llegiu en el nom del vostre Senyor que va crear, va crear l'home a partir d'un coàgul. Llegiu, i el vostre Senyor és el més generós, que va ensenyar amb la ploma, va ensenyar a l'home allò que no sabia" (Alcorà 96:1-5).

Aquestes paraules, gravades al cor i a la ment de Mahoma, van ser el començament de la revelació divina. L'experiència va ser alhora emocionant i terrorífica. Mahoma inicialment no estava segur de la naturalesa del que havia passat. Tremolant i ple de temor, es va precipitar a casa amb la seva dona, Khadijah, buscant consol i tranquil·litat. Li va explicar l'extraordinària trobada, expressant les seves pors i incerteses.

Khadijah, un pilar de suport i saviesa, va creure immediatament en l'autenticitat de l'experiència de Mahoma. Ella el va consolar i el va assegurar de la seva integritat, bondat i veracitat. Per entendre millor la naturalesa d'aquest esdeveniment, Khadijah va demanar consell al seu cosí, Waraqa ibn Nawfal, un erudit cristià. Després d'escoltar el relat de Mahoma, Waraqa va afirmar que l'experiència va ser realment una revelació divina, semblant al que havia estat revelat a profetes anteriors com Moisès i Jesús. Va reconèixer a Gabriel com el mateix àngel que havia portat missatges als profetes anteriors, i va predir que Mahoma seria el profeta d'aquesta època.

La revelació inicial a la cova d'Hira va marcar l'inici de la missió profètica de Mahoma, però també va significar un període d'intensa lluita i preparació personal. Durant uns quants mesos, les revelacions van cessar, un període conegut com el "fatrah". Aquesta pausa va posar a prova la fe i la determinació de Mahoma, però va continuar buscant la solitud i la reflexió a Hira, esperant més orientació.

Quan es van reprendre les revelacions, van arribar amb un sentit d'urgència i claredat. La missió de Mahoma era cridar el seu poble a l'adoració de l'únic Déu veritable, Al·là, i guiar-los cap a un camí de rectitud, justícia i compassió. Els primers missatges van emfatitzar la unitat de Déu, la importància de la conducta moral i la inevitable del Dia del Judici.

Amb el suport inquebrantable de Khadijah, Muhammad va començar a compartir les revelacions amb la seva família i amics propers. Els primers conversos a l'islam van incloure Khadijah, el seu cosí Ali ibn Abi Talib, el seu amic íntim Abu Bakr i el seu servent Zaid ibn Haritha. Aquests primers creients van formar el nucli de la comunitat musulmana naixent, units per la seva fe en el missatge revelat a Mahoma.

La cova d'Hira es va convertir així en el bressol d'una revolució espiritual. Va ser aquí on Mahoma, l'honest comerciant i membre de confiança de la societat meca, es va transformar en el profeta de l'Islam. L'experiència a la cova no va ser només un despertar personal; va ser l'inici d'un viatge profund que desafiaria i transformaria la societat àrab i, finalment, el món.

El temps de Mahoma a la cova d'Hira subratlla la importància de la contemplació, la solitud i la reflexió espiritual per fomentar un canvi profund. Les revelacions que hi va rebre van establir les bases de l'Alcorà, un text que continua guiant milions de persones a tot el món. A mesura que aprofundim en la vida de Mahoma, el significat d'aquests primers moments de revelació es fa cada cop més clar, il·luminant el camí que traçaria com a missatger de pau, justícia i compassió.

Capítol 6: Els primers creients

El primer període de la profecia de Mahoma va estar marcat per la reunió tranquil·la però transcendental d'un petit grup de seguidors devots. Aquests primers creients, coneguts com els Sahabah (companys), van tenir un paper crític en donar suport a Mahoma i establir les bases de la comunitat musulmana naixent. Les seves històries de fe, sacrifici i compromís inquebrantable amb el missatge de l'Islam ofereixen un poderós testimoni de l'impacte transformador dels ensenyaments de Mahoma.

Després de la revelació inicial a la cova d'Hira, Mahoma va començar a compartir el missatge del monoteisme amb els seus més propers. La primera persona que va acceptar l'Islam va ser la seva estimada dona, Khadijah. La seva creença immediata en la missió profètica de Mahoma li va proporcionar un suport emocional i moral essencial. La saviesa, la força i la devoció de Khadijah serien fonamentals en els primers dies de l'Islam, ajudant a mantenir Mahoma en temps de dubte i dificultat.

Un altre dels primers conversos va ser Ali ibn Abi Talib, el cosí jove de Mahoma. Criat a la casa de Mahoma des de jove, Ali va ser profundament influenciat pel caràcter i els ensenyaments de Mahoma. Quan Muhammad va compartir la seva experiència i el missatge de l'Islam amb Ali, l'acceptació del jove va ser immediata i inquebrantable. La dedicació d'Alí a l'islam i la seva estreta relació amb Mahoma el convertiran més tard en una de les figures més importants de la història islàmica.

Abu Bakr, un amic íntim de Mahoma i un respectat comerciant, va ser un dels primers homes adults a abraçar l'Islam. Conegut per la seva integritat, saviesa i naturalesa amable, l'acceptació de l'Islam per part d'Abu Bakr va donar credibilitat a la missió de Mahoma. Va ser fonamental per difondre el missatge de l'Islam, utilitzant la seva extensa xarxa social per introduir els altres a la fe. Gràcies als seus esforços, es van portar a l'Islam diversos conversos primerencs notables, inclosos Uthman ibn Affan, Abdur-Rahman ibn Awf, Sa'd ibn Abi Waqqas i Talha ibn Ubaydullah, tots els quals tindrien un paper important en el futur de la comunitat musulmana. .

Zaid ibn Haritha, l'esclau alliberat i fill adoptiu de Mahoma, també va abraçar l'islam molt aviat. La seva lleialtat i afecte per Mahoma eren ben coneguts, i la seva acceptació de l'Islam va reforçar encara més el vincle entre ells. La història de Zaid és especialment commovedora, reflectint la inclusió del missatge de Mahoma, que va transcendir l'estatus social i emfatitzava la igualtat de tots els creients.

Els primers creients es van enfrontar a una considerable oposició i persecució dels Quraysh, la poderosa tribu que dominava la societat meca. Els Quraysh van veure el missatge de Mahoma com una amenaça directa per al seu ordre religiós, econòmic i social. L'èmfasi de l'Islam en el monoteisme va desafiar les tradicions politeistes centrades al voltant de la Kaaba, mentre que els seus principis de justícia social i igualtat van soscavar les jerarquies i els privilegis arrelats de les elits mecanes.

Malgrat la pressió creixent, els primers creients es van mantenir ferms en la seva fe. Sovint es reunien en secret per evitar l'escrutini i l'hostilitat dels Quraysh. Un dels primers llocs de congregació va ser la casa d'Al-Arqam ibn Abi Al-Arqam, situada prop del turó de Safa. Aquesta humil casa es va convertir en un santuari per als primers musulmans, on podien aprendre sobre l'Islam, resar junts i trobar consol en la seva creença compartida.

Bilal ibn Rabah, un esclau etíop, va ser un dels primers conversos més notables. La seva acceptació de l'islam va exemplificar el profund atractiu del missatge de Mahoma als marginats i oprimits. El mestre de Bilal el va sotmetre a una tortura brutal en un intent d'obligar-lo a renunciar a la seva fe, però la resistència de Bilal i la proclama inquebrantable de "Ahad! Ahad!" (Un! Un!) es va convertir en un poderós símbol de fe i resistència. Finalment, Abu Bakr va comprar la llibertat de Bilal, i es va convertir en el primer muezzin (que crida a l'oració) de l'Islam, amb la seva veu melodiosa fent ressò de la crida al monoteisme.

Sumayyah bint Khayyat i el seu marit, Yasir, juntament amb el seu fill, Ammar, també van patir una severa persecució per la seva fe. La fermesa de Sumayyah davant la tortura la va portar a convertir-se en la primera màrtir de l'Islam. El sacrifici d'ella i de Yasir va subratllar el profund compromís dels primers musulmans i va posar de relleu la brutal oposició que van enfrontar per part dels Quraysh.

El compromís inquebrantable dels primers creients amb l'Islam, malgrat els perills i les dificultats als quals s'enfrontaven, era un testimoni de la seva profunda convicció i de la naturalesa convincent del missatge de Mahoma. Els seus sacrificis i la seva resiliència van establir les bases per al creixement i la propagació de l'Islam. El sentiment de fraternitat i solidaritat entre aquests primers seguidors va fomentar un fort esperit comunitari, que resultaria crucial a mesura que la comunitat musulmana s'enfrontés a una persecució creixent.

Els primers anys de la missió de Mahoma van estar marcats per un delicat equilibri de devoció privada i projecció estratègica. L'enfocament de Mahoma durant aquest període es va caracteritzar per la paciència, la perseverança i l'enfocament a construir una base sòlida de fe entre els seus seguidors més propers. La seva capacitat per inspirar una profunda lleialtat i compromís en els seus companys era un reflex del seu caràcter profund i de la naturalesa divina del seu missatge.

Mentre reflexionem sobre les històries dels primers creients, se'ns recorda el poder transformador de la fe i l'impacte durador dels ensenyaments de Mahoma. Les seves vides de sacrifici, resiliència i creences inquebrantables continuen inspirant els musulmans de tot el món, i serveixen com un poderós recordatori de les arrels de la fe islàmica i dels principis atemporals de justícia, igualtat i compassió que encarna.

Capítol 7: Predicació pública

Després de tres anys de difondre en silenci el missatge de l'Islam entre la seva família i amics propers, el profeta Mahoma va rebre instruccions divines per fer pública la seva missió. Això va marcar un punt d'inflexió important, ja que les reunions privades en secret ara van passar a la predicació oberta, convidant la gent de la Meca a abraçar el monoteisme i els ensenyaments de l'islam. Aquesta fase de predicació pública comportaria tant èxits profunds com una intensa oposició.

L'ordre de predicar públicament va arribar amb la revelació del vers: "I adverteix als teus parents més propers" (Alcorà 26:214). Seguint aquesta directiva, Muhammad va començar convidant la seva família extensa, els Quraysh, a una reunió al mont Safa. Dempeus al turó, va cridar als diferents clans dels Quraysh, utilitzant els seus noms tribals per cridar la seva atenció. Mentre la gent es reunia, va lliurar un missatge clar i urgent: els va advertir de l'imminent Dia del Judici i els va cridar a adorar l'únic Déu veritable, Al·là, abandonant els seus ídols i pràctiques corruptes.

Aquesta trucada inicial va tenir una reacció mixta. Alguns, com el seu oncle Abu Lahab, van reaccionar amb hostilitat i menyspreu. Abu Lahab va declarar cèlebrement: "Pereix-te, Mahoma! És per això que ens vas reunir?" El seu antagonisme persistiria durant tota la missió de Mahoma, simbolitzant la resistència arrelada de l'elit meca. Tanmateix, altres membres del seu clan escoltaven amb curiositat i respecte, encara que no es convertissin immediatament.

Sense defallir, Muhammad va ampliar els seus esforços, predicant a la societat meca més àmplia. Va parlar als mercats, a la Kaaba i a qualsevol lloc on es reunia la gent. El seu missatge va posar èmfasi en la unitat de Déu (tawhid), la importància de la conducta moral, la justícia social i la necessitat de tenir cura dels pobres i marginats. Aquests ensenyaments van desafiar les desigualtats socials i econòmiques que eren rampants a la societat meca, i van suposar una amenaça directa per al poder i els privilegis de l'elit Quraysh.

Una de les conversions públiques més primerenques i significatives va ser la d'Umar ibn al-Khattab. Conegut per la seva forta personalitat i la seva oposició inicial a l'islam, la conversió d'Umar va ser un punt d'inflexió. La seva acceptació de l'Islam no només va donar força a la comunitat musulmana, sinó que també va augmentar la seva moral. El caràcter audaç i l'estatus influent d'Umar van proporcionar un nou nivell de protecció i defensa dels creients, que els va permetre practicar la seva fe amb més confiança.

Tanmateix, la predicació pública també va intensificar l'hostilitat dels Quraysh. Veien l'islam com una amenaça per a les seves pràctiques religioses tradicionals, interessos econòmics i jerarquia social. Els líders Quraysh, especialment els que es van beneficiar de l'statu quo, van llançar una campanya de persecució contra Mahoma i els seus seguidors. Això incloïa l'abús verbal, l'ostracisme social, les sancions econòmiques i la violència física.

Entre les primeres víctimes d'aquesta persecució hi havia els membres més febles de la comunitat musulmana, especialment els esclaus i els pobres. Bilal ibn Rabah, per exemple, va patir dures tortures del seu amo, que va intentar obligar-lo a renunciar a l'Islam. Malgrat el dolor insoportable, la fe ferma de Bilal es va convertir en un poderós símbol de resistència i devoció. Sumayyah bint Khayyat i el seu marit Yasir van ser torturats fins a la mort, convertint-se en els primers màrtirs de l'Islam. El seu fill, Ammar, també es va enfrontar a tortures brutals, però es va mantenir ferm en la seva fe.

En resposta a la creixent hostilitat, Mahoma va adoptar una estratègia de paciència i perseverança. Va continuar predicant obertament, utilitzant saviesa i compassió per transmetre el seu missatge. La seva eloqüència, sinceritat i el profund contingut moral i espiritual de les revelacions van atreure molts, malgrat els riscos. Entre els que van acceptar l'Islam durant aquest període hi havia individus d'orígens diversos, inclosos comerciants rics, erudits i esclaus, cosa que reflecteix l'atractiu universal del missatge.

Per mitigar els efectes del boicot econòmic i social dels Quraysh, Mahoma i els seus seguidors van formar un fort sentit de comunitat. Es van recolzar mútuament, van compartir recursos i van oferir santuari als més vulnerables. L'esperit de germanor i solidaritat entre els primers musulmans els va ajudar a suportar les dificultats i va reforçar la seva determinació.

La frustració creixent dels Quraysh amb la resistència de la comunitat musulmana els va portar a intensificar els seus esforços per silenciar Mahoma. Li van oferir riquesa, poder i estatus a canvi d'abandonar la seva missió, però la resposta de Mahoma va ser inquebrantable. Va declarar cèlebrement: "Si posessin el sol a la meva mà dreta i la lluna a la meva esquerra, no abandonaria aquest camí fins que Al·là em faci victoriós o morís".

A mesura que la predicació pública va continuar, les revelacions que va rebre Mahoma van proporcionar orientació, estímul i respostes als reptes als quals s'enfrontaven els primers musulmans. Els versos alcorànics van abordar la persecució, oferint consol i reforçant la importància de la fe, la paciència i la perseverança. També van destacar la universalitat del missatge, fent paral·lelismes amb les experiències dels profetes anteriors i les seves comunitats.

Malgrat l'escalada de la persecució, el nombre de conversos va créixer constantment. El missatge de Mahoma va començar a cridar l'atenció més enllà de la Meca, arribant a les tribus i regions veïnes. Els principis de justícia, igualtat i compassió van ressonar amb molts que estaven desil·lusionats per l'ordre social existent.

El període de predicació pública va ser un temps d'intensa lluita i de profunda transformació. El compromís inquebrantable de Mahoma amb la seva missió, la seva compassió pels oprimits i la seva eloqüent articulació del missatge diví van establir les bases d'un moviment que aviat transcendiria els límits de la Meca. La resiliència i la fe dels primers creients, davant de l'enorme adversitat, van ser un exemple poderós per a les generacions futures i van establir els principis perdurables de la fe islàmica.

Mentre reflexionem sobre aquesta fase crítica de la vida de Mahoma, veiem les llavors d'una profunda revolució espiritual i social. El coratge i la convicció dels primers musulmans, juntament amb el lideratge inspirat de Mahoma, van iniciar un viatge que finalment canviaria el curs de la història humana.

Capítol 8: Persecució i paciència

Mentre continuava la predicació pública del profeta Mahoma, la resistència dels Quraysh es va intensificar, donant lloc a un període marcat per una persecució severa i profundes proves de paciència per als primers musulmans. L'amenaça creixent a l'hegemonia socioeconòmica i religiosa dels Quraysh els va impulsar a emprar mesures cada cop més dures per suprimir el naixent moviment islàmic.

La persecució va començar amb abusos verbals i ostracisme social, amb l'objectiu de soscavar la credibilitat de Mahoma i els seus seguidors. A mesura que es va estendre el missatge de l'Islam, els líders Quraysh van augmentar les seves tàctiques, recorrent a la violència física i a les sancions econòmiques. Els primers musulmans, especialment els d'entorns menys privilegiats, es van enfrontar a una brutalitat implacable.

Bilal ibn Rabah, un antic esclau que va abraçar l'Islam, va ser sotmès a tortures extremes. El seu mestre, Umayyah ibn Khalaf, col·locaria una pedra pesada al pit de Bilal i el deixava sota el sol abrasador, exigint que es retractés de la seva fe. Malgrat el dolor insoportable, la resposta inquebrantable de Bilal: "Ahad! Ahad!" (Un! Un!) es va convertir en un símbol de la seva creença ferma en la unitat de Déu.

Sumayyah bint Khayyat, juntament amb el seu marit Yasir, també es van enfrontar a una tortura horrible per la seva fe. La negativa de Sumayyah a abandonar la seva creença la va portar a convertir-se en la primera màrtir de l'Islam. La seva mort, juntament amb la del seu marit Yasir, va subratllar el profund sacrifici dels primers musulmans i el seu compromís inquebrantable amb les seves creences.

Per als de més alt estatus social, la persecució va ser més subtil però no menys perjudicial. Els Quraysh van emprar sancions socials i econòmiques per aïllar Mahoma i els seus seguidors. Van imposar un boicot contra el clan Banu Hashim, la pròpia tribu de Mahoma, per pressionar-los perquè abandonessin el seu suport a ell. Aquest boicot va incloure la prohibició de totes les interaccions comercials i socials amb els Banu Hashim, la qual cosa va provocar greus dificultats econòmiques.

Durant aquest boicot, els musulmans es van enfrontar a una escassetat extrema d'aliments i recursos. Es van veure obligats a suportar les condicions de fam i l'aïllament, però la seva determinació va romandre inflexible. Mahoma i els seus seguidors van mostrar una paciència i una resistència notables durant aquest període, confiant en la saviesa d'Al·là i mantenint el seu compromís amb la fe.

A més de les pressions externes, els primers musulmans van lluitar amb reptes interns. La tensió entre mantenir la seva fe mentre s'enfronta a les dures realitats de la persecució va posar a prova la seva fortalesa espiritual. El paper de Mahoma com a líder durant aquest temps va ser crucial. La seva paciència, compassió i fe inquebrantable van servir de far d'esperança i resistència per als seus seguidors.

El mateix Profeta va experimentar importants dificultats personals. La mort de la seva estimada dona Khadijah i del seu oncle Abu Talib en poc temps va ser una pèrdua profunda. La mort de Khadijah va marcar el final d'un període d'immens suport i consol per a Muhammad, mentre que la mort d'Abu Talib el va deixar sense un protector clau entre els Quraysh. Aquestes pèrdues van intensificar els judicis del Profeta, ja que l'hostilitat dels Quraysh es va fer encara més ferotge.

Malgrat aquestes adversitats, el Profeta va continuar liderant amb perseverança. La seva paciència i fermesa es van convertir en un exemple per als seus seguidors. Les revelacions alcoràniques durant aquest període van proporcionar consol i orientació, emfatitzant les virtuts de la paciència i la resistència davant les proves. Versos com ara: "Així que sigueu pacients. De fet, la promesa d'Al·là és la veritat" (Alcorà 30:60), va reforçar la importància de mantenir-se ferms.

La resistència de Mahoma i els seus seguidors finalment va donar els seus fruits. L'opressió continuada i la fe inquebrantable dels musulmans van atreure la simpatia i el suport de diverses parts. Personatges notables, com el rei cristià d'Abissínia (actual Etiòpia), van oferir refugi als musulmans que pretenien fugir de la persecució. Aquest suport va ser fonamental per preservar la primera comunitat musulmana durant els temps més difícils.

Davant l'oposició implacable, la paciència de Mahoma i la perseverança dels seus seguidors van tenir un paper crític en la supervivència i el creixement eventual del moviment islàmic. La seva capacitat per suportar el patiment i mantenir-se fidel malgrat els reptes aclaparadors va demostrar la força de la seva convicció i el poder transformador del seu missatge.

El període de persecució i paciència va ser un capítol definitori en la història primerenca de l'Islam. Va il·lustrar els profunds sacrificis fets pels primers musulmans i el lideratge ferm del Profeta. Les seves experiències de dificultats i resiliència van establir les bases dels èxits posteriors del moviment islàmic, reforçant els principis de justícia, igualtat i perseverança que esdevindrien centrals per a la fe.

Quan reflexionem sobre aquest període, reconeixem la importància de la paciència i la fermesa per superar les adversitats. Les lliçons apreses de la persecució i la fe perdurable dels primers musulmans continuen inspirant i guiant els seguidors de l'Islam, oferint un exemple atemporal de resiliència i devoció en la recerca de la justícia i la veritat.

Capítol 9: L'any del dolor

L'Any del Dol, també conegut com l'"Any del Dol", va ser un període de profund dolor i dificultats per al profeta Mahoma i els seus seguidors. Va estar marcada per la mort de dues de les figures més importants de la seva vida: la seva estimada dona Khadijah i el seu oncle protector Abu Talib. Aquestes pèrdues van tenir un profund impacte en Mahoma personalment, emocionalment i estratègicament, intensificant encara més els judicis als quals s'enfrontava la primera comunitat musulmana.

Khadijah bint Khuwaylid, la primera esposa de Mahoma, va ser un pilar de força i suport durant els primers anys de la seva profecia. La seva fe inquebrantable, el seu suport moral i l'assistència financera van ser crucials per a l'establiment de l'Islam. La seva mort l'any 619 dC, poc després del final del boicot social i econòmic imposat pels Quraysh, va marcar una pèrdua important per a Mahoma. La mort de Khadijah no només va ser un cop personal, sinó també un revés emocional important. La seva mort va deixar a Mahoma sense una font constant d'ànim i comprensió, intensificant la seva solitud i dolor.

La mort de Khadijah també va tenir implicacions més àmplies per a la comunitat musulmana. Com a membre respectat i ric dels Quraysh, el seu suport havia protegit Mahoma i els seus seguidors dels pitjors efectes de la persecució. Amb la seva mort, els musulmans es van enfrontar a una major vulnerabilitat i una falta de protecció dins l'estructura social dels Quraysh. Aquest canvi en el panorama sociopolític va suposar una pressió més gran sobre la comunitat musulmana, que ja havia patit greus penúries.

A més al dolor, Abu Talib, oncle i tutor de Mahoma des de la infància, també va morir el mateix any. El paper d'Abu Talib com a protector va ser vital per protegir Mahoma dels atacs més greus dels Quraysh. Encara que mai va adoptar l'Islam, l'estatus i la influència d'Abu Talib entre els Quraysh van proporcionar una mesura de protecció per a Mahoma i els seus seguidors. La seva mort va deixar

Mahoma exposat a una major hostilitat i oposició dels líders Quraysh, complicant encara més la situació ja precària dels primers musulmans.

La pèrdua combinada de Khadijah i Abu Talib va tenir profunds efectes personals i comunitaris. El dolor de Mahoma es va sentir profundament, i l'absència d'aquestes dues figures crucials va amplificar les dificultats amb què s'enfrontava la comunitat musulmana. L'any va estar marcat per una intensificació de la persecució i l'ostracisme social, ja que els Quraysh van veure l'oportunitat d'augmentar la pressió sobre la debilitat comunitat musulmana.

En aquest període de profunda pèrdua personal i augment de l'adversitat, Muhammad va demostrar una resistència i perseverança notables. Malgrat el profund dolor que va sentir, va continuar liderant i donant suport als seus seguidors amb compassió i força. La seva fe perdurable en Al·là i el seu compromís amb la seva missió es van mantenir ferms, tot i que va navegar pels grans reptes de l'Any del Dolor.

Les dificultats d'aquest any no van estar exemptes de proves i lliçons. Les experiències del Profeta durant aquest temps van aprofundir en la seva empatia i comprensió de les lluites a les quals s'enfronten els seus seguidors. La seva paciència i la seva fe perdurable es van convertir en un exemple per a la primera comunitat musulmana, reforçant la seva determinació i unitat davant les dificultats creixents.

L'Any del Dolor va marcar finalment un període de profunda transformació per al Profeta i la comunitat musulmana. Va ser un moment de profund dolor personal però també un període de creixement espiritual i enfortiment de la fe. Els reptes afrontats i superats durant aquest any van establir l'escenari per als desenvolupaments posteriors en la missió del Profeta i l'expansió de l'Islam.

Mentre reflexionem sobre l'Any del Dolor, obtenim una visió de la resiliència i la perseverança necessàries per superar els reptes personals i comunitaris profunds. Les proves enfrontades durant aquest temps posen de manifest la força i la dedicació de Mahoma i els seus seguidors, el compromís inquebrantable dels quals amb la seva fe va continuar inspirant i guiant la comunitat musulmana a través dels temps més foscos.

Capítol 10: El viatge nocturn i l'ascensió

El viatge nocturn i l'ascensió, o Isra i Mi'raj, és un dels esdeveniments més profunds i miraculosos de la tradició islàmica. Aquest esdeveniment, que va ocórrer l'any 620 dC, és un testimoni de la connexió divina entre el profeta Mahoma i Al·là. És un moment crucial que subratlla la importància espiritual de la missió de Mahoma i el profund vincle entre els regnes terrenal i celestial.

Segons la tradició islàmica, el viatge va començar una nit quan el profeta Mahoma es trobava a la Meca. Va ser transportat miraculosament de la Kaaba a la mesquita d'Al-Aqsa a Jerusalem per un corcel celestial conegut com Buraq. Aquesta part del viatge es coneix com Isra. La transició de la Meca a Jerusalem es va descriure com a ràpida i acompanyada d'una sensació de presència divina. En arribar a la mesquita d'Al-Aqsa, Mahoma va ser rebut pels profetes anteriors, com Abraham, Moisès i Jesús. Aquesta trobada simbolitzava la continuïtat de la guia divina i la connexió entre l'Islam i les religions abrahàmiques anteriors.

Des de Jerusalem, Mahoma va emprendre la segona part del viatge conegut com Mi'raj, l'Ascensió. Va ascendir pels set cels, es va trobar amb diversos profetes i va presenciar l'esplendor diví dels regnes celestials. Cada cel va revelar una escena diferent i va proporcionar a Mahoma una visió profunda de la naturalesa de la creació i l'ordre celestial. Va conèixer figures clau, com Adam, Joan Baptista (Yahya), Jesús (Isa), Josep (Yusuf) i altres. Aquestes trobades van reforçar la unitat i la continuïtat dels missatges profètics al llarg de la història.

El clímax del Mi'raj va ser la trobada de Mahoma amb Al·là. Aquesta trobada directa, encara que descrita en termes simbòlics, va ser un moment de profunda transcendència. Va emfatitzar la connexió íntima i directa entre el Profeta i el Diví. Durant aquesta trobada, Mahoma va rebre l'ordre d'establir la pràctica de les oracions diàries (Salah) per als seus seguidors. Inicialment, l'ordre era de cinquanta oracions al dia, però seguint el consell de Moisès, Mahoma va intercedir, i el requisit es va reduir a cinc oracions diàries. Aquest acte d'intercessió va destacar el paper del Profeta com a mediador entre Al·là i els creients, reflectint tant la humilitat com la misericòrdia divina.

En tornar a la Meca, Mahoma va descriure als seus companys els esdeveniments del Viatge nocturn i l'Ascensió amb vívids detalls. Mentre que alguns a la Meca es van mostrar escèptics i van rebutjar el seu relat com a impossible, molts dels seus seguidors es van tranquil·litzar i es van enfortir en la seva fe. L'experiència va servir per reforçar el significat espiritual de la missió del Profeta i la validació divina del seu lideratge.

El viatge nocturn i l'ascensió no van ser només experiències físiques, sinó també profundament espirituals. Simbolitzaven la connexió entre els àmbits terrenal i celestial i subratllaven la importància de l'oració i la comunicació directa amb Al·là. El viatge va servir com a recordatori profund de la dimensió espiritual de la missió de Mahoma i del paper central de la guia divina en la vida del Profeta i els seus seguidors.

L'esdeveniment es commemora en la tradició islàmica com un símbol de l'estreta relació entre el Diví i el Profeta. Es veu com una validació del paper de Mahoma com a missatger final i un recordatori de la realitat espiritual més enllà del món material. La importància del viatge es reflecteix en les oracions establertes pels musulmans, que segueixen sent una pedra angular de la pràctica islàmica.

En reflexionar sobre el Viatge nocturn i l'Ascensió, obtenim una visió de la profunda experiència espiritual del profeta Mahoma i la connexió divina que va guiar la seva missió. L'esdeveniment subratlla el profund vincle entre el Profeta i Al·là i destaca les dimensions espirituals i pràctiques dels ensenyaments islàmics. Serveix com a recordatori atemporal del propòsit diví darrere de la profecia de Mahoma i el significat perdurable de la fe i l'oració en la vida dels musulmans.

Capítol 11: Buscant el santuari a Ta'if

Després de patir una intensa persecució i una creixent hostilitat dels Quraysh a la Meca, el profeta Mahoma va buscar un refugi que li pogués oferir un respir i una nova base potencial per a la seva missió. La ciutat de Ta'if, situada a uns 60 quilòmetres al sud-est de la Meca, va sorgir com una destinació prometedora. El viatge a Ta'if va marcar un capítol important en la vida de Mahoma, destacant tant la seva perseverança com els reptes als quals s'enfronta per difondre el missatge de l'Islam.

Després de l'Any del Dolor, que va veure la mort de la seva estimada dona Khadijah i el seu oncle protector Abu Talib, Muhammad es va enfrontar a una major animositat dels Quraysh. La seva resistència a l'islam es va fer més pronunciada, i el Profeta, sentint el pes de l'hostilitat creixent, va buscar suport en altres llocs. Ta'if, una ciutat coneguda per la seva relativa independència dels Quraysh i el seu comerç vibrant, va ser escollida com a refugi potencial on pogués buscar aliats i propagar el seu missatge.

En arribar a Ta'if, Muhammad es va acostar als seus líders per demanar suport i protecció. Esperava trobar un públic acollidor que pogués abraçar els ensenyaments de l'islam i proporcionar un santuari de les condicions opressives a la Meca. Els líders de la ciutat, però, no es van mostrar receptius. En lloc d'oferir el suport que Mahoma buscava, van respondre amb burla i hostilitat.

Els líders de Ta'if eren figures influents de la tribu Thaqif, i la seva reacció va ser ràpida i dura. Van ridiculitzar Mahoma i el seu missatge, qüestionant la seva credibilitat i rebutjant les seves afirmacions. El seu menyspreu no era només verbal; van incitar la gent de la ciutat contra ell, donant lloc a una recepció hostil. Els carrers de Ta'if es van omplir de menyspreu i Mahoma es va trobar objectiu de burles i abusos.

La situació va prendre un gir més fosc quan els líders van enviar els seus criats i nens a burlar-se de Mahoma i llançar-li pedres. Aquest maltractament físic el va expulsar de la ciutat i va agreujar el dolor emocional del rebuig. Malgrat el greu cost físic i emocional, la determinació de Muhammad es va mantenir inquebrantable. El seu compromís amb la seva missió i la seva paciència davant l'adversitat van ser notables.

Durant el seu temps a Ta'if, Mahoma va suportar immenses dificultats. La recepció hostil i els maltractaments físics van subratllar els reptes que va afrontar en la seva missió de difondre el missatge de l'Islam. Malgrat això, es va mantenir concentrat en el seu objectiu de trobar suport per al seu poble i va continuar pregant i buscant l'ajuda divina.

Un dels aspectes més commovedors de l'estada de Mahoma a Ta'if va ser la seva sincera súplica a Al·là. En un moment de profunda desesperació, Mahoma va pregar: "Oh Allah, em queixo davant de tu de la meva debilitat, de la meva manca de recursos i de la meva insignificança davant la gent. Oh Misericordiós dels misericordiosos, ets el Senyor dels febles i el meu Senyor. A qui em confies? A una persona llunyana que em rep amb hostilitat, o a un enemic a qui has donat autoritat sobre els meus afers? Si no estàs enfadat amb mi, no m'importa, però la teva protecció és un favor més expansiu. Busco refugi a la llum del teu rostre, que il·lumina la foscor i corregeix els afers d'aquest món i del més enllà".

Aquesta súplica posa de manifest la profunda fe de Mahoma i la seva confiança en Al·là per a la força i la guia. Malgrat el rebuig i l'abús que va patir, la seva confiança en la saviesa i la misericòrdia d'Al·là li van proporcionar la resistència necessària per continuar la seva missió.

En resposta als judicis de Ta'if, Al·là va enviar l'àngel Jibril (Gabriel) per consolar Mahoma. L'àngel li va oferir l'oportunitat de fer castigar els líders de la ciutat si ho desitjava. Tanmateix, la compassió i la preocupació de Mahoma per la gent de Ta'if van prevaldre. Va optar per no buscar retribució, sinó que va pregar per la seva guia i esperava que l'eventual acceptació de l'Islam.

Després de la seva desafiant experiència a Ta'if, Muhammad va tornar a la Meca amb un renovat sentit de determinació. Les proves que va enfrontar a Ta'if, encara que doloroses, van reforçar encara més la seva determinació i van aprofundir la seva fe. La seva paciència i compromís durant aquest període van exemplificar la seva dedicació ferma a la seva missió i la seva esperança perdurable per a l'èxit final del seu missatge.

L'experiència a Ta'if subratlla els profunds reptes als quals s'enfronta el profeta Mahoma en la seva missió de difondre l'Islam. Il·lustra la seva inquebrantable paciència, compassió i dedicació davant l'adversitat. Malgrat el rebuig i l'hostilitat que va trobar, les experiències de Mahoma a Ta'if van servir per refinar el seu caràcter i enfortir la seva determinació, preparant-lo per a les fases posteriors de la seva missió profètica.

Mentre reflexionem sobre aquest capítol, obtenim una visió de la profunditat de la perseverança de Mahoma i les proves que va patir pel bé de la seva missió. L'episodi de Ta'if és un poderós recordatori de la importància de la paciència, la compassió i la fermesa davant les dificultats, i serveix com a testimoni de la força i la resistència perdurables del profeta Mahoma en la recerca de la seva missió divina.

Capítol 12: La promesa d'Aqabah

La Promesa d'Aqabah representa un moment clau en la història de l'Islam, marcant la transició d'una fase de persecució a una d'establiment polític i social. Aquest esdeveniment, que va tenir lloc l'any 621 dC, va implicar una aliança crucial entre el profeta Mahoma i les tribus de Yathrib (més tard coneguda com a Medina). La promesa va ser fonamental per assegurar el suport a la comunitat musulmana naixent i preparar l'escenari per a la migració (Hijrah) a Medina, que es convertiria en el nou centre de l'estat islàmic.

El context de la Promesa d'Aqabah va començar amb els esforços continus del profeta Mahoma per trobar suport i protecció per als seus seguidors. La creixent hostilitat a la Meca i el rebuig enfrontat a Ta'if van deixar els primers musulmans en una posició precària. El missatge del Profeta havia guanyat tracció entre diverses tribus i individus de la península aràbiga, però encara calia un suport concret per assegurar la supervivència i el creixement de la comunitat musulmana.

Yathrib, una ciutat al nord de la Meca, va sorgir com un aliat prometedor. Era un assentament pròsper amb una població diversa, tant jueus com tribus àrabs, i havia estat receptiu al missatge de l'Islam a través de contactes anteriors. En els mesos previs a la Promesa d'Aqabah, una delegació de Yathrib havia visitat la Meca i va expressar interès pels ensenyaments de l'Islam. Els va impressionar l'èmfasi del missatge en la justícia, la igualtat i la realització espiritual, que ressonava amb les seves pròpies aspiracions d'una societat més unificada i equitativa.

La promesa d'Aqabah es va produir en dues fases. La primera promesa, coneguda com la Promesa d'Aqabah I, va tenir lloc l'any 621 dC quan dotze representants de Yathrib es van reunir amb el profeta Mahoma. Durant aquesta reunió inicial, es van comprometre a donar suport a Mahoma i als seus seguidors, oferint la seva protecció i prometent mantenir els principis de l'Islam. Aquest primer compromís va ser important per establir el vincle inicial entre els musulmans i la gent de Yathrib, establint les bases per a una col·laboració posterior.

La Promesa d'Aqabah II més notable i significativa es va produir un any més tard, l'any 622 dC, i hi van assistir setanta-tres homes i dues dones de Yathrib. Aquesta reunió més gran i formal es va celebrar al lloc d'Aqabah, un lloc prop de la Meca. Els participants van venir a reafirmar el seu compromís i a prestar un jurament formal de lleialtat a Mahoma. Aquesta promesa, coneguda com la "Promesa de guerra", incloïa diversos compromisos clau:

1. **Suport i protecció:** la gent de Yathrib es va comprometre a proporcionar protecció a Muhammad i els seus seguidors contra qualsevol adversari. Aquest suport va ser crucial per als musulmans, que es van enfrontar a una dura oposició a la Meca.

2. **Acceptació dels principis islàmics:** van acordar mantenir els principis de l'islam i treballar per difondre el missatge dins de la seva pròpia comunitat, assegurant-se que els ensenyaments de l'islam s'implementarien en les seves vides i govern.

3. **Assistència en conflictes:** els representants de Yathrib es van comprometre a ajudar a Muhammad en qualsevol conflicte que pogués sorgir i a estar al seu costat en temps de lluita.

La promesa d'Aqabah II va ser un punt d'inflexió per a la comunitat musulmana. Va proporcionar al profeta Mahoma i als seus seguidors la seguretat i el suport que necessitaven per planificar la seva migració a Yathrib, que ara estava a punt de convertir-se en la nova base de l'estat islàmic. La migració, coneguda com l'Hijrah, va marcar l'inici d'un nou capítol en la història islàmica, simbolitzant la transició d'una fase de persecució a una d'establiment i creixement.

La importància de la Promesa d'Aqabah va anar més enllà de les seves implicacions pràctiques immediates. Va demostrar l'aprofundiment del compromís de la comunitat musulmana i la creixent influència de l'islam entre les tribus d'Aràbia. El suport de Yathrib va significar l'inici d'un nou ordre polític i social que es centraria al voltant dels ensenyaments de l'Islam. També va destacar la perspicacia estratègica del Profeta per construir aliances i assegurar el futur de la seva missió.

A més del seu impacte polític i social, la Promesa d'Aqabah va posar èmfasi en la unitat i la solidaritat de la comunitat musulmana. El jurament de lleialtat va forjar un fort vincle entre Mahoma i el poble de Yathrib, que més tard seria conegut com els Ansar (Ajudants). Aquest vincle de suport mutu i valors compartits es va convertir en una pedra angular dels primers estats islàmics i va establir l'escenari per als desenvolupaments posteriors de la comunitat musulmana.

A mesura que s'acostava el moment de l'Hijrah, els preparatius per a la migració i l'establiment d'una nova comunitat a Yathrib estaven en marxa. La Promesa d'Aqabah havia posat les bases d'aquesta important transició, proporcionant tant el suport com el marc necessari per a l'establiment amb èxit de l'estat islàmic.

En reflexionar sobre la Promesa d'Aqabah, obtenim una visió de les dimensions estratègiques i espirituals del lideratge de Mahoma. L'esdeveniment subratlla la importància de les aliances, el suport mutu i el compromís per avançar en una causa. També destaca el profund impacte de la dedicació dels primers musulmans i el paper crucial dels Ansar en el creixement i desenvolupament de la comunitat islàmica. La promesa d'Aqabah continua sent un testimoni del poder transformador de la fe, la col·laboració i el compromís inquebrantable davant l'adversitat.

Capítol 13: L'Hègira (Migració a Medina)

L'Hègira, o migració a Medina, marca un capítol transformador en la història de l'Islam. Es va produir l'any 622 d.C., aquest esdeveniment cabdal representa la transició del profeta Mahoma i els seus seguidors de la Meca, una ciutat plena de persecucions, a Yathrib, que més tard passaria a anomenar-se Medina. L'Hijrah no només significa una reubicació física, sinó que també anuncia l'establiment de l'estat islàmic i l'inici d'una nova era en el calendari islàmic.

La decisió d'emigrar va sorgir de l'escalada de l'hostilitat enfrontada pels primers musulmans a la Meca. La tribu Quraysh, que tenia un poder i una influència significatius a la ciutat, havia intensificat els seus esforços per suprimir el missatge de Mahoma. Els seguidors del Profeta van patir una persecució creixent, incloent maltractament físic, ostracisme social i sancions econòmiques. L'empitjorament de les condicions va subratllar la necessitat urgent d'un santuari on la comunitat musulmana pogués practicar la seva fe lliurement i desenvolupar una estructura social cohesionada.

Yathrib, una ciutat situada aproximadament a 320 quilòmetres al nord de la Meca, va sorgir com un far d'esperança. Els habitants de la ciutat, incloses diverses tribus com els aws i els khazraj, havien mostrat anteriorment interès per l'islam i van oferir el seu suport. Això va culminar amb la Promesa fonamental d'Aqabah, on els representants de Yathrib es van comprometre a protegir Mahoma i els seus seguidors. La promesa va ser un factor crític en la decisió de migrar, ja que va proporcionar tant l'estímul com la seguretat necessaris per a un moviment tan important.

La migració es va planificar meticulosament per evitar la detecció i la confrontació amb els Quraysh. El profeta Mahoma i els seus companys es van embarcar en aquest viatge amb un sentit de propòsit i una profunda confiança en la guia d'Al·là. El pla implicava dues rutes principals: una per al Profeta i els seus companys més propers i una altra per a la comunitat musulmana més àmplia.

La migració del Profeta va començar amb la seva sortida de la Meca, acompanyat del seu amic i confident més proper, Abu Bakr al-Siddiq. Per evadir les patrulles Quraysh i garantir la seguretat, van fer una ruta menys transitada pel desert. Aquesta ruta estava plena de reptes, inclòs el dur entorn del desert i l'amenaça constant de ser perseguit per les forces de la Meca. Malgrat aquests obstacles, el viatge va estar marcat per moments significatius d'intervenció i suport divins.

Un incident notable durant l'Hègira va ser la trobada amb un guia beduí anomenat Abdullah ibn Uraykit, que va ser contractat per conduir el Profeta i Abu Bakr pel desert. Tot i ser inicialment no musulmà, va mostrar una gran honestedat i compromís amb la tasca. El viatge també va incloure una breu estada a la cova de Thawr, on el Profeta i Abu Bakr es van amagar per evitar la detecció. Durant aquest temps, van ser perseguits pels exploradors Quraysh, però la cova va proporcionar un santuari temporal. La famosa història d'una aranya tejant la seva teranyina sobre l'entrada de la cova, que ocultava la seva presència, s'explica sovint com un signe miraculós de protecció divina.

En arribar a Yathrib, Muhammad i els seus seguidors van rebre una acollida entusiasta i càlida. La gent de Yathrib, que s'havia conegut com els Ansar (Ajudants), va saludar el Profeta i els seus companys amb els braços oberts. La ciutat es va transformar en el centre de l'estat islàmic, i la migració va marcar l'inici d'una nova etapa en la missió del Profeta.

L'establiment de la nova comunitat a Medina va estar marcat per diversos desenvolupaments clau. Una de les primeres tasques va ser establir un marc social i polític que assegurés l'harmonia i la justícia entre els diversos col·lectius residents a la ciutat. El profeta Mahoma va jugar un paper crucial en aquest procés en redactar la Constitució de Medina, també coneguda com la Carta de Medina. Aquest document va establir les bases per a una societat multireligiosa i multitribal, esbossant els drets i les responsabilitats de tots els membres de la comunitat, inclosos els musulmans, els jueus i altres grups.

La Constitució de Medina es considera una de les primeres formes de constitució escrita al món. Pretenia crear una societat cohesionada i justa abordant qüestions de govern, defensa mútua i relacions intercomunitàries. El document establia principis d'igualtat i justícia, destacant la importància de la cooperació i el respecte mutu entre els diversos habitants de la ciutat.

Un altre aspecte significatiu de l'Hijrah va ser l'establiment de la primera mesquita a Medina, coneguda com la Mesquita del Profeta (Masjid al-Nabawi). Aquesta mesquita es va convertir en el centre d'activitats religioses, socials i polítiques del nou estat islàmic. Va servir com a lloc de culte, reunió comunitària i centre per a l'administració de l'estat. La construcció de la mesquita simbolitzava la base física i espiritual de la nova comunitat musulmana de Medina.

La migració també va marcar l'inici del calendari islàmic. L'Hègira és tan important que s'utilitza com a punt de partida del calendari lunar islàmic, conegut com a calendari de l'Hègira. Aquest sistema de calendari reflecteix la importància de la migració com a punt d'inflexió en la història islàmica i serveix com a recordatori de la perseverança del Profeta i de l'establiment de l'estat islàmic.

L'impacte de l'Hijrah va ser profund i de gran abast. Va permetre que la comunitat musulmana prosperés en un entorn de suport, lliure de la severa persecució que havia caracteritzat els seus primers anys a la Meca. L'establiment de Medina com a centre de la vida islàmica va proporcionar les bases per al creixement i l'expansió de l'estat islàmic. També va marcar l'inici d'una sèrie de desenvolupaments significatius, incloent enfrontaments militars amb els Quraysh, la consolidació del poder polític i l'expansió de la comunitat musulmana.

En reflexionar sobre l'Hijrah, veiem un moment clau en la història de l'Islam que encarna els temes de la perseverança, la confiança en la guia divina i la importància del suport comunitari. La migració a

Medina no només va assegurar la supervivència de la primera comunitat musulmana sinó que també va establir les bases per als èxits i expansions posteriors de l'estat islàmic. Continua sent un símbol poderós de la resiliència i la fe del profeta Mahoma i els seus seguidors, il·lustrant l'impacte transformador del seu compromís amb les seves creences i la seva determinació per establir una societat justa i equitativa.

Capítol 14: Construcció de l'Estat musulmà

L'establiment de l'estat musulmà a Medina després de l'Hègira va marcar un canvi significatiu d'una minoria perseguida a una comunitat estructurada i organitzada. El lideratge del profeta Mahoma durant aquest període transformador va implicar no només establir pràctiques religioses, sinó també establir les bases per a un sistema polític i social en funcionament. Aquest capítol examina els aspectes clau de la construcció de l'estat musulmà, centrant-se en la formació de la comunitat, l'establiment de la governança i el desenvolupament d'estratègies diplomàtiques i militars.

En arribar a Medina, el profeta Mahoma es va enfrontar a la tasca d'unificar un grup divers de persones, incloent els Ansar (Ajudants), que l'havien donat suport a ell i als seus seguidors durant la migració, i els Muhajirun (Emigrants), que havien fugit de la Meca. Medina va ser la llar de diverses tribus, com ara els Aws i Khazraj, així com tribus jueves amb tradicions i estructures socials diferents. La primera prioritat del Profeta era fomentar la unitat entre aquests grups i establir una comunitat cohesionada lligada per valors i objectius compartits.

Un aspecte central d'aquesta unificació va ser l'elaboració de la Constitució de Medina, un document pioner que exposava els drets i les responsabilitats de tots els membres de la comunitat. Aquesta constitució va servir com a contracte social, establint principis de cooperació, defensa mútua i llibertat religiosa. Va reconèixer la naturalesa diversa dels habitants de Medina i va intentar crear una societat harmònica abordant qüestions relacionades amb la governança, les relacions intergrupals i la resolució de conflictes. La Constitució de Medina es considera un dels primers exemples d'una constitució escrita, que reflecteix el compromís del Profeta amb la justícia i la igualtat.

L'establiment de la Mesquita del Profeta (Masjid al-Nabawi) va ser un altre desenvolupament crucial en la construcció de l'estat musulmà. La mesquita va servir com a centre de la vida religiosa, un lloc per a reunions de la comunitat i un centre d'activitats administratives. La seva construcció no va ser només un acte religiós sinó també un pas pràctic per crear un espai on la comunitat pogués reunir-se, discutir qüestions importants i participar en el culte comunitari. La mesquita es va convertir en un símbol del nou estat islàmic i va tenir un paper central en el foment de la cohesió espiritual i social de la comunitat musulmana.

El profeta Mahoma també es va centrar a establir un sistema de govern que reflectís els principis islàmics. El lideratge de l'estat es basava en la consulta (shura) i la rendició de comptes, amb el Profeta actuant com a líder religiós i polític. Aquest doble paper li va permetre guiar la comunitat segons els ensenyaments islàmics alhora que abordava qüestions pràctiques de govern. L'estil de lideratge del Profeta va posar èmfasi en l'equitat, la consulta i la importància de la conducta ètica, sent un precedent per als futurs governants musulmans.

L'establiment de la llei i l'ordre va ser un altre aspecte crític de la construcció de l'estat musulmà. El Profeta va implementar un sistema de justícia que es basava en els principis islàmics, inclosos l'Alcorà i els Hadith (dites i accions del Profeta). Les qüestions jurídiques s'adjudicaven d'acord amb aquestes fonts, assegurant que es fes justícia i que es protegeixen els drets de les persones. L'establiment d'un sistema judicial era essencial per mantenir l'ordre social i resoldre els conflictes dins la comunitat.

A més de la consolidació interna, el profeta Mahoma també es va centrar en les relacions externes i la diplomàcia. Els primers anys a Medina van estar marcats per les interaccions amb tribus i estats veïns, inclosos els Quraysh de la Meca i diverses tribus jueves. Es van fer esforços diplomàtics per assegurar aliances i evitar conflictes innecessaris. El Tractat d'Hudaybiyyah, signat l'any 628 CE, va ser un exemple notable de negociació diplomàtica. Aquest tractat, que inicialment va ser percebut com desfavorable als musulmans, va servir finalment per establir un període de pau i va permetre l'expansió de la comunitat musulmana.

Les estratègies militars també van ser un component clau de la construcció de l'estat musulmà. Els primers anys a Medina van veure diverses batalles significatives, incloent la batalla de Badr, la batalla d'Uhud i la batalla de la trinxera. Aquestes batalles no només van ser mesures defensives sinó també crucials per establir la credibilitat de l'estat musulmà i assegurar la seva posició a la regió. Les campanyes militars es van dur a terme amb previsió estratègica i es van guiar per principis de justícia i conducta ètica, reflectint els valors més amplis de l'Estat Islàmic.

El desenvolupament de l'estat musulmà també va implicar reformes econòmiques i socials. El profeta Mahoma va implementar polítiques destinades a millorar el benestar de la comunitat, inclosa la distribució de la riquesa, la prestació de suport als necessitats i la promoció de la justícia econòmica. L'establiment del zakat (donacions caritatives) i l'èmfasi en les pràctiques de comerç just van ser fonamentals per crear una societat justa i equitativa.

Els primers anys a Medina es van caracteritzar per reptes importants, com ara la dissidència interna, les amenaces externes i la tasca d'integrar diversos grups en una comunitat cohesionada. Tanmateix, el lideratge del profeta Mahoma, guiat pels principis islàmics i un compromís amb la justícia, va establir les bases per a un Estat musulmà pròsper i durador. Els principis establerts durant aquest període van continuar influint en el desenvolupament dels estats islàmics posteriors i segueixen sent una font d'inspiració per al govern i l'organització social musulmana.

En reflexionar sobre el procés de construcció de l'estat musulmà, veiem un esforç complex i polièdric que implicava dimensions religioses, polítiques, socials i militars. El primer estat islàmic a Medina representa un model de govern basat en principis ètics, cooperació comunal i visió estratègica. Les bases establertes durant aquest període van establir l'escenari per a l'expansió i el desenvolupament de la comunitat islàmica, configurant el curs de la història islàmica i influenciant el món en general.

Capítol 15: Primers conflictes i batalles

Els primers conflictes i batalles durant els anys de formació de l'estat islàmic a Medina van ser fonamentals en la configuració de la trajectòria de la missió del profeta Mahoma. Aquests conflictes no eren només enfrontaments militars, sinó que estaven profundament entrellaçats amb la lluita més àmplia per la supervivència i l'establiment de la comunitat musulmana. Les batalles de Badr, Uhud i la Trinxera, en particular, van ser esdeveniments significatius que van posar a prova la resistència dels primers musulmans i van jugar un paper crucial en la consolidació de l'estat musulmà.

La batalla de Badr, lliurada el 13 de març de 624 dC, va ser el primer gran conflicte entre els musulmans de Medina i els Quraysh de la Meca. Els Quraysh, impulsats pel desig d'afirmar el seu domini i prendre represàlies contra els musulmans per la seva emigració a Medina, van mobilitzar un gran exèrcit per enfrontar-se als musulmans. El profeta Mahoma, tot i tenir una força més petita i menys equipada, va dirigir els seus seguidors amb perspicàcia estratègica i un profund sentit del propòsit.

La victòria dels musulmans a Badr va ser un moment decisiu per al primer estat islàmic. La batalla va demostrar l'eficàcia del lideratge del Profeta i la força de la fe i la unitat de la comunitat musulmana. La victòria també va servir per reforçar la moral dels musulmans i consolidar la seva posició a la regió. Va marcar un punt d'inflexió, proporcionant una sensació de legitimitat i fomentant un major suport de les tribus veïnes.

Després de la batalla de Badr, les tensions amb els Quraysh van continuar augmentant. Els Quraysh, indignats per la seva derrota i la pèrdua dels seus actius econòmics, van intentar venjar la seva humiliació. L'enfrontament posterior es va produir en la forma de la batalla d'Uhud, que va tenir lloc el 23 de març de 625 CE. A diferència de Badr, la batalla d'Uhud no va resultar en una victòria clara per als musulmans. Els Quraysh, després d'haver-se reagrupat i reforçat les seves forces, es van enfrontar als musulmans en una batalla ferotge i prolongada.

La batalla d'Uhud va estar marcada per importants reptes per als musulmans. L'avantatge inicial que tenien es va erosionar a causa dels errors estratègics i la falta de coordinació entre les forces musulmanes. Un error crític va ser el fet de no mantenir les posicions dels arquers, la qual cosa va provocar una inversió de la fortuna i una major pressió sobre les tropes musulmanes. La batalla també va ser notable per les greus baixes que van patir els musulmans, incloses les ferides que va patir el mateix profeta Mahoma.

Malgrat el revés a Uhud, els musulmans van mostrar una resistència i perseverança notables. La batalla va servir com a experiència d'aprenentatge, destacant la importància de la disciplina, la planificació estratègica i la necessitat d'unitat entre les forces musulmanes. El lideratge del profeta Mahoma i la fermesa dels seus seguidors van ser crucials per superar les conseqüències immediates de la batalla i continuar construint l'estat musulmà.

El tercer gran conflicte, conegut com la Batalla de la Trinxera (o la Batalla de Khandaq), va tenir lloc a finals de l'any 627 dC. La batalla va ser una resposta a una coalició de Quraysh i tribus aliades que pretenien assetjar Medina i soscavar el naixent estat islàmic. En previsió d'aquesta amenaça, els musulmans, guiats per la previsió estratègica del Profeta, van cavar una trinxera al voltant de la ciutat de Medina per enfortir les seves defenses.

La Batalla de la Trinxera es va caracteritzar per un setge prolongat, amb les forces musulmanes enfrontant-se a la coalició des de darrere de les seves fortificacions defensives. La trinxera va neutralitzar efectivament la cavalleria de l'enemic i va impedir un assalt directe a la ciutat. El conflicte va acabar en un punt mort, amb la retirada de les forces de la coalició després d'un període d'esforços sostinguts però infructuosos per trencar les defenses.

La defensa reeixida de Medina durant la Batalla de la Trinxera va ser un assoliment important per als musulmans. Va demostrar la seva capacitat per respondre eficaçment a les amenaces externes i va reforçar la seva determinació i unitat. La batalla també va marcar un punt d'inflexió en la relació entre els musulmans i els Quraysh, ja que va demostrar la creixent força i resistència de l'estat musulmà.

Aquests primers conflictes i batalles van tenir un paper crucial en el desenvolupament de l'estat islàmic. Van provar les capacitats estratègiques i de lideratge del profeta Mahoma i els seus seguidors, i cada batalla va contribuir a la consolidació i creixement de la comunitat musulmana. Les experiències obtingudes a partir d'aquests conflictes van servir de base per a les estratègies i decisions posteriors, i van configurar el curs de la història islàmica.

En reflexionar sobre els primers conflictes, veiem com van ser fonamentals per a la supervivència i l'expansió de l'estat musulmà. Les batalles de Badr, Uhud i la Trinxera no només van posar a prova les capacitats militars dels musulmans, sinó que també van reforçar el seu compromís amb la seva fe i la seva comunitat. La resiliència i la determinació mostrades durant aquests primers conflictes van ser fonamentals per establir un estat islàmic estable i durador, establint les bases per als èxits i desenvolupaments futurs de la història islàmica.

Capítol 16: El Tractat d'Hudaybiyyah

El Tractat d'Hudaybiyyah, signat el març de 628 CE, és un dels acords diplomàtics més significatius de la història islàmica primitiva. Aquest tractat es va establir entre el profeta Mahoma i la tribu Quraysh de la Meca i va marcar un punt d'inflexió crucial en la relació entre els musulmans i els seus adversaris de la Meca. La importància del tractat rau en el seu impacte en el panorama polític de l'època, els seus beneficis estratègics per a la comunitat musulmana i el seu paper a l'hora d'obrir el camí per a la eventual conquesta de la Meca.

El teló de fons del Tractat d'Hudaybiyyah va ser el conflicte en curs entre els musulmans a Medina i els Quraysh a la Meca. Després de les primeres batalles i escaramuzas, ambdós bàndols havien patit pèrdues importants i estaven buscant una solució a la lluita en curs. El profeta Mahoma, buscant portar la pau i l'estabilitat, va decidir iniciar negociacions per a una treva amb els Quraysh.

L'oportunitat de negociació va sorgir quan el profeta Mahoma i els seus seguidors van partir cap a la Meca l'any 628 dC amb la intenció de realitzar la Umrah, el pelegrinatge menor, que s'havia interromput l'any anterior a causa de les hostilitats creixents. Malgrat les seves intencions pacífiques, els Quraysh van rebutjar inicialment la sol·licitud dels musulmans d'entrar a la Meca. El següent enfrontament va portar a la decisió del Profeta de buscar un acord formal per resoldre el conflicte.

Les negociacions per al tractat van tenir lloc a Hudaybiyyah, un lloc prop de la Meca. Els termes de l'acord es van negociar entre els representants musulmans, encapçalats pel profeta Mahoma, i la delegació Quraysh. Tot i que els termes del tractat semblaven desfavorables als musulmans a primera vista, van ser elaborats amb cura per abordar tant les preocupacions immediates com els objectius estratègics a llarg termini.

Els termes clau del Tractat d'Hudaybiyyah inclouen:

1. **Treva durant deu anys:** ambdues parts van acordar una treva de deu anys, durant la qual cessarien les hostilitats i s'abstindrien de participar en qualsevol forma de guerra entre elles. Aquest cessament de les hostilitats tenia com a objectiu proporcionar un període de pau perquè ambdues parts abordessin els seus reptes interns i externs.

2. **Retorn dels refugiats:** Qualsevol mecà que va fugir a Medina buscant refugi seria retornat a la Meca, mentre que els Quraysh van prometre no tornar cap musulmà que fugissin a Medina. Aquesta disposició pretenia abordar les preocupacions d'ambdues parts pel que fa a les persones que demanen asil.

3. **Llibertat d'aliança:** a les tribus se'ls va donar la llibertat d'aliar-se amb els musulmans o amb els Quraysh. Aquest terme va ser significatiu ja que va permetre que diverses tribus escollissin les seves aliances sense por de retribucions de cap dels dos bàndols.

4. **Retard del pelegrinatge:** els musulmans tenien inicialment prohibit realitzar la Umrah aquell any. En canvi, se'ls va permetre tornar a Medina i tornar a la Meca per pelegrinar l'any següent.

El Tractat d'Hudaybiyyah va ser rebut amb reaccions diverses entre els musulmans. Alguns consideraven els termes com a desavantatges, especialment la clàusula que els prohibia entrar a la Meca aquell any. Tanmateix, el profeta Mahoma i els seus companys van acceptar els termes, demostrant el seu compromís amb la pau i la seva confiança en la saviesa estratègica de l'acord.

Després del tractat, es van produir diversos avenços significatius que van subratllar la seva importància estratègica:

1. **Increment de la influència:** la treva va permetre als musulmans centrar-se en consolidar la seva posició a Medina i

participar en activitats diplomàtiques i polítiques. També va oferir l'oportunitat de construir aliances amb altres tribus, ampliant la influència de la comunitat musulmana.

2. **Percepció pública:** el Tractat d'Hudaybiyyah va ser vist per molts com una victòria per als musulmans pel que fa a les seves implicacions a llarg termini. L'acord de pau va permetre als musulmans viatjar lliurement i interactuar amb diverses tribus, fet que va contribuir a la difusió de l'islam i a l'enfortiment de la comunitat musulmana.

3. **Preparatius per a la conquesta de la Meca:** la treva va proporcionar un període d'estabilitat que va ser crucial perquè els musulmans es preparessin per a futurs desenvolupaments. L'eventual incompliment del tractat per part dels Quraysh l'any 630 dC, quan van atacar un aliat musulmà, va portar a la conquesta final de la Meca pels musulmans. L'entrada pacífica a la Meca va marcar el compliment de la intenció original de fer la Umrah i va simbolitzar l'establiment reeixit de l'Islam a la seva ciutat sagrada.

El Tractat de Hudaybiyyah exemplifica l'habilitat diplomàtica i la previsió estratègica del profeta Mahoma. Destaca la importància dels acords de pau per resoldre conflictes i el valor de la planificació a llarg termini per assolir objectius més amplis. El tractat va tenir un paper fonamental en la configuració del panorama polític i social de l'islam primerenc i va establir l'escenari per als èxits posteriors de la comunitat musulmana.

En resum, el Tractat de Hudaybiyyah va ser un esdeveniment històric en la història islàmica primerenca. No només va proporcionar un cessament temporal de les hostilitats, sinó que també va crear un marc per a futures interaccions entre els musulmans i els Quraysh. Els termes del tractat, tot i que inicialment es van percebre com desfavorables, finalment van contribuir a l'expansió i consolidació de l'estat musulmà, demostrant la perspicàcia estratègica del profeta Mahoma i la seva dedicació a aconseguir la pau i l'estabilitat per a la seva comunitat.

Capítol 17: Les cartes als reis i governants

Després del Tractat de Hudaybiyyah, el profeta Mahoma es va embarcar en una sèrie d'iniciatives diplomàtiques destinades a difondre el missatge de l'islam més enllà de la península aràbiga. Un dels aspectes més significatius d'aquesta divulgació diplomàtica va ser l'enviament de cartes a diversos reis i governants, convidant-los a abraçar l'Islam. Aquestes cartes, enviades als líders dels principals imperis i regnes, van marcar un pas audaç en la missió del Profeta d'estendre la influència de l'Islam i establir relacions pacífiques amb els estats veïns.

La decisió del profeta Mahoma d'enviar cartes als governants va ser impulsada per la seva visió de difondre el missatge monoteista de l'islam a nivell mundial. Va tractar d'arribar a líders influents l'acceptació dels quals de l'Islam podria obrir el camí perquè els seus súbdits els seguissin. Les cartes van ser elaborades meticulosament, reflectint la perspicacia diplomàtica del Profeta i la profunda comprensió dels contextos polítics i culturals. Cada carta s'adaptava al seu destinatari, reconeixent el seu estatus i autoritat alhora que transmetia el missatge bàsic de l'Islam.

Entre els destinataris més notables d'aquestes cartes hi havia Heracli, l'emperador bizantí; Cosroes II, l'emperador persa; Negus Ashama, el rei d'Abissínia; i els governants d'Egipte, Bahrain, Oman i Iemen. Cada lletra seguia una estructura similar, començant amb la invocació del nom d'Al·là i la salutació islàmica estàndard de pau. Aleshores, les cartes presentaven a Mahoma com el missatger d'Al·là, anomenaven el destinatari de l'Islam i citaven versos rellevants de l'Alcorà.

Una de les cartes més famoses anava dirigida a Heracli, l'emperador bizantí. La carta del Profeta a Heracli va ser portada per Dihyah al-Kalbi, un dels seus companys de confiança. La carta començava amb una adreça educada i convidava Heracli a acceptar l'Islam, posant èmfasi en la naturalesa monoteista de la religió i la seva continuïtat amb els ensenyaments dels profetes anteriors. Va instar Heracli a reconèixer el missatge del profeta Mahoma com el compliment de les profecies anteriors i a abraçar l'Islam per a la seva pròpia salvació i el benefici del seu poble.

Heracli, en rebre la carta, va mostrar un gran interès per entendre el seu missatge. Segons els relats històrics, va fer consultes sobre el profeta Mahoma i els ensenyaments de l'Islam. Heracli va reconèixer la importància del missatge, però es va veure limitat per factors polítics i socials d'acceptar públicament l'Islam. Malgrat això, el compromís respectuós i reflexiu amb la carta va posar de manifest l'impacte dels esforços diplomàtics del Profeta.

Una altra carta important va ser enviada a Cosroes II, l'emperador persa. La carta, portada per Abdullah ibn Hudhafah as-Sahmi, convidava a Chosroes a abraçar l'Islam i abandonar les seves creences politeistes. La carta subratllava la importància del monoteisme i advertia de les conseqüències de rebutjar la guia d'Al·là. Chosroes, però, va reaccionar amb hostilitat, trencant la carta amb ràbia. Aquesta reacció va reflectir l'enraizada oposició a l'islam entre alguns dels poders imperis de l'època. La resposta del profeta Mahoma al rebuig de Cosroes va ser mesurada i profètica, va predir l'eventual decadència de l'Imperi Persa.

La carta a Negus Ashama, el rei d'Abissínia, va prendre un to diferent. Negus Ashama havia mostrat prèviament amabilitat i hospitalitat amb els refugiats musulmans que van demanar asil al seu regne durant els primers anys de persecució a la Meca. La carta reconeixia la generositat de Negus i el convidava a acceptar l'Islam, presentant el missatge com una continuació de les tradicions monoteistes familiars al governant cristià. La recepció positiva de la carta de Negus Ashama i la seva acceptació de l'Islam van ser èxits diplomàtics significatius, reflectint la capacitat del Profeta per construir aliances i fomentar relacions positives amb els estats veïns.

Les cartes als governants d'Egipte, Bahrain, Oman i Iemen van seguir temes similars, cridant-los a l'Islam i emfatitzant la unitat de les religions monoteistes. Aquestes cartes van destacar el respecte del Profeta per les estructures polítiques existents i el seu desig de relacionar-se amb els líders en igualtat de condicions. L'extensió diplomàtica es va estendre a diverses regions, demostrant la visió estratègica del Profeta d'establir l'Islam com una fe global i fomentar la coexistència pacífica amb altres nacions.

L'impacte d'aquestes cartes va anar més enllà de les respostes immediates dels destinataris. Simbolitzaven el missatge universal de l'Islam i el compromís del Profeta amb la propagació pacífica de la fe. Els esforços diplomàtics van mostrar la capacitat del profeta Mahoma per navegar per paisatges polítics complexos i la seva comprensió de la importància de relacionar-se amb cultures i societats diverses.

A més, les cartes exemplificaven els principis de la diplomàcia islàmica, que posaven èmfasi en el respecte, el diàleg i la comprensió mútua. L'enfocament del Profeta per convidar governants a l'Islam es va caracteritzar per un equilibri de fermesa a l'hora de transmetre el missatge i sensibilitat als contextos culturals i polítics dels destinataris. Aquest enfocament va establir un precedent per a la futura diplomàcia islàmica, destacant la importància de la divulgació pacífica i l'ús estratègic de la comunicació escrita.

En reflexionar sobre les cartes als reis i governants, veiem un aspecte atrevit i visionari de la missió del profeta Mahoma. Aquestes cartes no eren només invitacions a una nova fe, sinó que també eren moviments estratègics per establir la presència de l'Islam a l'escenari global. Van demostrar la previsió, l'habilitat diplomàtica i el compromís del Profeta per difondre el missatge de l'Islam per mitjans pacífics. El llegat d'aquestes cartes continua inspirant la diplomàcia islàmica contemporània, posant èmfasi en els principis atemporals del respecte, el diàleg i la recerca de la comprensió mútua en les relacions internacionals.

Capítol 18: La conquesta de la Meca

La conquesta de la Meca l'any 630 dC és un dels moments més determinants de la història islàmica. Aquest esdeveniment va marcar la culminació d'anys de lluita, diplomàcia i perseverança del profeta Mahoma i els seus seguidors. No només va ser una victòria militar i política significativa, sinó també un profund triomf espiritual i moral, reflectint els principis fonamentals de l'Islam.

Arran del Tractat d'Hudaybiyyah, els musulmans van viure un període de relativa pau, que els va permetre enfortir la seva comunitat i difondre el seu missatge. Tanmateix, la fràgil pau es va trencar quan els Quraysh van violar el tractat atacant els Banu Khuza'a, una tribu aliada dels musulmans. Aquesta violació va proporcionar al profeta Mahoma una raó legítima per prendre mesures decisives contra els Quraysh.

En el període previ a la conquesta, el profeta Mahoma va mostrar la seva perspicàcia estratègica planificant acuradament la marxa cap a la Meca. Va intentar minimitzar el vessament de sang i assegurar una presa pacífica de la ciutat. Per aconseguir-ho, va mobilitzar un gran exèrcit d'aproximadament 10.000 soldats, procedents de diverses tribus que s'havien aliat amb els musulmans. La gran mida de la força pretenia aclaparar els Quraysh i obligar-los a rendir-se sense resistència.

L'exèrcit musulmà va partir de Medina el Ramadà del vuitè any de l'Hègira (gener del 630 dC). Quan s'acostaven a la Meca, el Profeta va utilitzar diverses mesures tàctiques per mantenir l'element sorpresa i minimitzar el conflicte. Una estratègia notable va ser l'ordre d'encendre nombrosos focs pel paisatge durant la nit, creant la il·lusió d'una força encara més gran. Aquesta tàctica psicològica va servir per intimidar els Quraysh i dissuadir-los de muntar una defensa.

En arribar als afores de la Meca, el profeta Mahoma va donar instruccions estrictes a les seves tropes per evitar violència innecessària i respectar la santedat de la ciutat. L'èmfasi en la compassió i la moderació va ser un testimoni dels principis ètics que sustentaven el lideratge del Profeta. El seu objectiu principal era recuperar la Meca amb el mínim vessament de sang possible, assegurant que els habitants de la ciutat abracessin l'Islam de bon grat.

Les instruccions del Profeta van ser escoltades i l'exèrcit musulmà va entrar a la Meca amb una resistència mínima. Els Quraysh, reconeixent la inutilitat de l'oposició, van optar en gran mesura per rendir-se. L'entrada del profeta Mahoma a la Meca va estar marcada per la humilitat i la gratitud. Va entrar a la ciutat amb el seu camell, amb el cap abaixat en un gest d'humilitat, reflectint el seu reconeixement de la guia i el suport d'Al·là.

Una de les primeres accions que el Profeta va fer en entrar a la Meca va ser anar a la Kaaba, el santuari sagrat que durant molt de temps havia estat el punt focal del culte pagan preislàmic. Acompanyat dels seus companys, va donar la volta a la Kaaba set vegades, realitzant el tawaf, i després va entrar a l'estructura. A l'interior, va procedir a destruir els ídols i les imatges que adornaven la Kaaba, purificant simbòlicament l'espai sagrat i restaurant-lo a l'adoració de l'únic Déu veritable, Al·là.

Aquest acte de purificació va anar acompanyat de la recitació del vers de l'Alcorà: "La veritat ha arribat i la mentida s'ha esvaït. De fet, la mentida ha de desaparèixer" (Alcorà 17:81). La destrucció dels ídols va marcar la fi definitiva del politeisme a la Meca i el restabliment del culte monoteista a la Kaaba.

Després de la purificació de la Kaaba, el profeta Mahoma es va dirigir als Quraysh reunits. El seu discurs va ser de perdó i reconciliació, destacant la importància de la misericòrdia i la unitat. Va declarar una amnistia general i va dir: "Vés, perquè ets lliure". Aquest gest magnànim contrastava amb les mesures punitives habituals en els conflictes tribals de l'època. El perdó del Profeta als seus antics enemics va demostrar el poder transformador de l'Islam i els seus principis de compassió i justícia.

La conquesta de la Meca també va implicar el restabliment del govern islàmic a la ciutat. El Profeta va nomenar diversos funcionaris per supervisar l'administració de la Meca, assegurant-se que la justícia i els principis islàmics guiessin el govern de la ciutat. La restauració de l'ordre i la justícia va ajudar a consolidar el control de la comunitat musulmana i va fomentar un sentiment d'estabilitat i confiança entre els habitants.

En els dies posteriors a la conquesta, molts dels Quraysh i altres mequesos van abraçar l'Islam, moguts per la magnanimitat del Profeta i el missatge convincent de l'Islam. La conversió de figures clau, inclòs Abu Sufyan, que havia estat un acèrrim opositor de l'islam, simbolitzava el profund impacte de la conquesta. La voluntat dels mecans d'acceptar l'islam va marcar un punt d'inflexió important, ja que la Meca es va transformar d'un bastió d'oposició al cor del món islàmic.

La conquesta de la Meca va tenir implicacions de gran abast per al naixent estat musulmà. Va marcar la consolidació del poder musulmà a la península aràbiga i va obrir el camí per a la ràpida propagació de l'islam per la regió. La naturalesa pacífica de la conquesta, caracteritzada pel perdó i la reconciliació, va ser un exemple poderós per a les futures interaccions entre musulmans i no musulmans.

A més, la conquesta va subratllar el lideratge i la visió estratègica excepcionals del profeta Mahoma. La seva capacitat per equilibrar la destresa militar amb els principis ètics i el seu èmfasi en la compassió i la justícia van establir les bases d'una civilització islàmica duradora.

En reflexionar sobre la conquesta de la Meca, veiem un esdeveniment que transcendeix la mera victòria militar. Va ser una demostració profunda del poder transformador de l'Islam, guiat pels principis de misericòrdia, justícia i humilitat. La conquesta va reafirmar la centralitat de la Kaaba com a punt focal del culte islàmic i va solidificar el llegat del profeta Mahoma com a líder que encarnava els ideals més alts de la seva fe. La conquesta de la Meca continua sent un moment determinant en la història islàmica, simbolitzant el triomf del monoteisme i els principis perdurables de l'islam.

Capítol 19: El pelegrinatge de comiat

L'any 632 dC, el profeta Mahoma es va embarcar en el que seria el seu darrer pelegrinatge a la Meca, conegut com el pelegrinatge d'adéu (Hajjat al-Wada'). Aquest viatge no només va ser un esdeveniment religiós important, sinó també una ocasió perquè el Profeta pronunciés el seu darrer sermó públic, que encapsulava els principis i valors fonamentals de l'Islam. El pelegrinatge de comiat té una gran importància en la història islàmica, simbolitzant la culminació de la missió del Profeta i el seu llegat perdurable.

La intenció del Profeta de realitzar el pelegrinatge es va anunciar el desè any de l'Hijra, convidant els musulmans de tota la península aràbiga a unir-se a ell en els ritus sagrats de l'Hijra. La resposta va ser aclaparadora, amb desenes de milers de musulmans reunits per participar en el pelegrinatge. Aquesta immensa trobada va subratllar la unitat i la solidaritat de la comunitat musulmana, així com la creixent influència de l'islam.

El pelegrinatge va començar amb la sortida del Profeta i els seus seguidors de Medina i viatjant a la Meca. Al llarg del camí, el Profeta va demostrar l'execució correcta dels rituals del Hajj, assegurant que els seus seguidors tinguessin una comprensió clara i duradora de les pràctiques. El pelegrinatge incloïa diversos ritus clau: entrar a l'estat d'Ihram (un estat de puresa espiritual), realitzar el Tawaf (circumambulació de la Kaaba), el Sa'i (caminar entre els turons de Safa i Marwah), estar a Arafat i la lapidació simbòlica dels pilars de Mina.

El novè dia de Dhu al-Hijjah, el Profeta i els seus seguidors van arribar a la plana d'Arafat. Aquest dia, conegut com el Dia d'Arafat, és el clímax del pelegrinatge del Hajj i té un significat espiritual immens. Va ser aquí on el profeta Mahoma va pronunciar el seu sermó de comiat, un discurs potent i complet que va encapsular l'essència dels seus ensenyaments i va proporcionar orientació per a la comunitat musulmana.

El sermó de comiat, pronunciat des de la muntanya Arafat, va començar amb el Profeta lloant Al·là i agraint-li les seves benediccions. A continuació, el Profeta va procedir a emfatitzar diversos punts clau que servirien com a principis rectors per a la comunitat musulmana:

1. **Santedat de la vida i de la propietat** : el Profeta va declarar la santedat de la vida i la propietat, destacant que s'han de respectar i protegir. Va afirmar que de la mateixa manera que el dia d'Arafat i el mes de Dhu al-Hijjah eren sagrats, també ho eren les vides i les possessions dels musulmans. Aquesta declaració va subratllar la importància de la justícia, la seguretat i la protecció dels drets humans.

2. **Igualtat i fraternitat** : el Profeta va abordar el tema de la igualtat entre els musulmans, declarant que tots els individus són iguals als ulls d'Al·là, independentment de la seva raça, ètnia o estatus social. Va afirmar: "Tota la humanitat és d'Adam i Eva. Un àrab no té superioritat sobre un no àrab, ni un no àrab no té cap superioritat sobre un àrab; un blanc no té superioritat sobre un negre, ni un negre té. qualsevol superioritat sobre un blanc, excepte per pietat i bona acció". Aquest potent missatge d'igualtat i fraternitat va posar les bases d'una societat justa i inclusiva.

3. **Drets de les dones** : El Profeta va destacar els drets i les responsabilitats de les dones, destacant la seva dignitat i la importància de tractar-les amb respecte i amabilitat. Va recordar a la comunitat musulmana que les dones són parelles i protectores, mereixedores d'amor i cura. Aquest missatge va reforçar els principis islàmics de justícia de gènere i de protecció dels drets de les dones.

4. **Observació dels deures islàmics** : El Profeta va reiterar la importància d'adherir-se als cinc pilars de l'Islam: fe, pregària, dejuni, caritat i pelegrinatge. Va destacar que aquestes

pràctiques són la base de la relació d'un musulmà amb Al·là i són essencials per al creixement espiritual i l'harmonia comunitària.

5. **Adhesió a l'Alcorà i la Sunnah** : El Profeta va instar els seus seguidors a mantenir-se ferm a l'Alcorà i la seva Sunna (tradicions) com a fonts principals d'orientació. Va afirmar que, mentre s'adhereixin a aquestes dues fonts, no es desviarien. Aquest èmfasi en l'Alcorà i la Sunna va reforçar el seu paper central en la vida d'un musulmà i la importància de seguir l'exemple del Profeta.

6. **Prohibició de la usura** : El Profeta va abordar el tema de la justícia econòmica, concretament condemnant la pràctica de la usura (Riba). Va declarar que s'havien d'abolir totes les transaccions basades en interessos, començant per les que es deuen a la seva pròpia família. Aquesta proclamació va subratllar la importància de pràctiques econòmiques justes i justes en el marc islàmic.

7. **Unitat i evitació de la divisió** : el Profeta va advertir contra la divisió i la discòrdia dins de la comunitat musulmana. Va destacar la importància de la unitat, afirmant que els creients són germans i s'han de donar suport i protegir els uns als altres. Aquesta crida a la unitat va ser un recordatori de la responsabilitat col·lectiva de mantenir l'harmonia i la cooperació dins de la comunitat.

El sermó de comiat va concloure amb el Profeta demanant a la multitud reunida que testifiquessin que havia transmès el missatge de l'Islam de manera fidel i completa. La multitud va respondre afirmativament, reconeixent el compliment de la seva missió per part del Profeta. Aleshores, el Profeta va aixecar el dit cap al cel i va dir: "Oh Allah, doneu testimoni". Aquest moment va ser una poderosa afirmació de la finalització del paper del Profeta com a missatger final d'Al·là.

Després del sermó, el Profeta i els seus seguidors van continuar amb els ritus restants del Hajj, inclosa la lapidació simbòlica dels pilars de Mina i el sacrifici d'animals. Aquests actes van commemorar les accions del profeta Ibrahim (Abraham) i la seva família, reforçant la connexió entre el pelegrinatge del Hajj i la tradició abrahàmica més àmplia.

El pelegrinatge de comiat no només va ser un viatge espiritual, sinó també un moment de profunda transcendència històrica. Va marcar el discurs públic final del profeta Mahoma i va encapsular els valors i principis bàsics que s'havia esforçat per inculcar als seus seguidors. Els missatges de justícia, igualtat, compassió i unitat lliurats durant el sermó de comiat continuen ressonant entre els musulmans d'arreu del món, servint com a guia atemporal per a la conducta personal i la vida comunitària.

El pelegrinatge de comiat del profeta també simbolitzava la culminació de la seva missió profètica. Va ser un moment de reflexió i agraïment pel notable viatge que havia transformat la península aràbiga i va establir les bases d'una civilització religiosa global. El pelegrinatge va reforçar la centralitat de la Meca i els rituals del Hajj en la vida d'un musulmà, destacant el seu significat espiritual i comunitari.

En reflexionar sobre el pelegrinatge de comiat, veiem l'encarnació de la visió del profeta Mahoma d'una comunitat musulmana justa, compassiu i unida. Els principis articulats durant el pelegrinatge continuen inspirant i guiant els musulmans en la seva vida quotidiana, configurant les seves relacions amb Al·là, entre ells i amb el món en general. El pelegrinatge de comiat és un testimoni del llegat perdurable del profeta Mahoma i dels valors atemporals de l'islam.

Capítol 20: La mort del profeta

La mort del profeta Mahoma l'any 632 va marcar el final d'una era i l'inici d'un nou capítol per a la comunitat musulmana. La seva mort va ser un moment de profunda tristesa i una immensa importància, que va aportar una sensació de pèrdua i reflexió. Com a missatger final d'Al·là, la vida i els ensenyaments del profeta Mahoma havien transformat la península aràbiga i van establir les bases d'una civilització religiosa global. La seva mort, per tant, no va ser només la pèrdua d'un líder, sinó la marxa de l'estimat Profeta que havia guiat els seus seguidors a través dels temps més difícils.

La malaltia final del profeta Mahoma va començar a finals de maig o principis de juny de l'any 632. Tenia uns seixanta anys i, tot i que sempre havia estat fort i vigorós, la intensitat de la seva missió i les exigències físiques del lideratge havien passat factura. La malaltia del Profeta va començar amb un fort mal de cap i va progressar fins a una febre alta, que el va deixar feble i postrat al llit. Malgrat la seva malaltia, va continuar dirigint oracions i oferint orientació als seus seguidors sempre que va poder.

A mesura que la seva condició va empitjorar, el profeta Mahoma va buscar consol en la companyia de les seves dones i companys propers. La seva dona Aisha, en particular, va ser una presència constant al seu costat, proporcionant comoditat i cura. Va ser a l'apartament d'Aisha on el Profeta va passar els seus últims dies, envoltat d'aquells que l'estimaven i el tenien en la més alta estima.

Durant la seva malaltia, el profeta Mahoma va demostrar una notable paciència i acceptació de la voluntat d'Al·là. Va continuar emfatitzant la importància de l'oració i va instar els seus seguidors a mantenir la seva fe i adherir-se als principis de l'Islam. El seu compromís amb el seu paper de líder espiritual va ser evident fins i tot en els seus darrers moments, ja que va intentar proporcionar tranquil·litat i orientació a la seva comunitat.

Un dels moments més commovedors dels darrers dies del Profeta va ser el seu darrer discurs públic. Malgrat la seva debilitat, va reunir forces per parlar amb els seus seguidors, transmetent els seus desitjos finals i posant èmfasi en missatges clau. Va reiterar la importància de seguir l'Alcorà i la seva Sunna, mantenir la unitat dins de la comunitat musulmana i mantenir la justícia i la compassió en tots els seus tractes. Les seves últimes paraules als creients reunits van ser un recordatori dels principis que havien guiat la seva vida i missió.

El matí del 8 de juny de 632 dC, la condició del profeta Mahoma va empitjorar. Tenia un fort dolor i li costava respirar. Quan els seus companys es reunien al seu voltant, l'atmosfera era de profunda tristesa i expectació. Els darrers moments del Profeta van estar marcats per un profund sentiment de tranquil·litat i acceptació. Amb el cap recolzat a la falda d'Aisha, va repetir les paraules: "Oh Allah, el màxim company", reflectint el seu desig de tornar al seu Creador.

En el moment del seu traspàs, la comunitat musulmana estava envoltada de dolor. La pèrdua del seu estimat Profeta va ser un cop emocional immens. Molts estaven superats per la tristesa, incapaços d'entendre la vida sense la seva presència guiadora. Umar ibn al-Khattab, un company proper i futur califa, estava tan afectat pel dolor que inicialment es va negar a creure que el Profeta havia mort, declarant que mataria a qualsevol que afirmés el contrari.

Va ser Abu Bakr, l'amic més proper del Profeta i un dels seus primers seguidors, qui va proporcionar la tranquil·litat i el lideratge necessaris durant aquest temps tumultuós. Entrant a l'habitació on estava el cos del Profeta, Abu Bakr li va besar el front i va confirmar la realitat del seu pas. A continuació, es va dirigir a la comunitat en dol, pronunciant un dels discursos més significatius de la història islàmica. Abu Bakr va dir: "O gent, qui va adorar a Mahoma, fes-li saber que Mahoma ha mort. Però qui va adorar a Al·là, que sàpiga que Al·là viu i mai no mor". Aquestes paraules van aportar una sensació de calma i claredat als seguidors afligits, recordant-los la naturalesa eterna de la seva fe.

El funeral del Profeta va ser un assumpte senzill i solemne, reflectint la humilitat que havia caracteritzat la seva vida. El seu cos va ser preparat per a l'enterrament d'acord amb els ritus islàmics, rentat i embolicat amb un drap llis. Les pregàries fúnebres van ser dirigides per la comunitat, amb grups de creients entrant a la sala per torns per oferir les seves oracions. No hi va haver cap cerimònia elaborada, ni gran processó; l'objectiu era honrar el llegat del Profeta i adherir-se als principis que havia ensenyat.

El profeta Mahoma va ser enterrat a la mateixa habitació on havia mort, a la casa d'Aisha. Aquest humil lloc de descans, dins de l'actual mesquita del Profeta a Medina, es va convertir en un lloc d'immensa reverència i pelegrinatge per als musulmans de tot el món. La senzillesa del seu lloc de sepultura serveix com a poderós recordatori de la seva humilitat i del profund llegat espiritual que va deixar enrere.

La mort del profeta Mahoma va ser un moment de profunda introspecció per a la comunitat musulmana. Va marcar el final de la guia profètica directa i l'inici d'una nova etapa en la història de l'Islam. El repte de continuar la missió del Profeta ara descansava sobre les espatlles dels seus companys i seguidors. Va ser un moment de dol i determinació, ja que la comunitat va lluitar amb la pèrdua del seu líder mentre s'esforçava per mantenir els seus ensenyaments.

En els anys posteriors a la mort del Profeta, la comunitat musulmana es va enfrontar a reptes importants, com ara conflictes interns i la necessitat d'un lideratge fort. El nomenament d'Abu Bakr com a primer califa va ser un pas crucial per garantir la continuïtat i l'estabilitat. Sota el seu lideratge, i el dels califes posteriors, es van preservar i ampliar els principis i valors que el profeta Mahoma havia inculcat als seus seguidors.

El llegat del profeta Mahoma perdura fins als nostres dies, amb la seva vida i els seus ensenyaments que continuen inspirant milions de musulmans a tot el món. El seu èmfasi en la justícia, la compassió, la humilitat i la devoció a Al·là serveix com a guia atemporal per a la conducta personal i la vida comunitària. La mort del Profeta, tot i que va ser un moment de profunda pèrdua, també va reforçar la naturalesa perdurable del seu missatge i la resistència de la fe musulmana.

Reflexionant sobre la mort del Profeta, es recorda el profund impacte que va tenir en els seus seguidors i el poder transformador del seu missatge. La seva vida va ser un testimoni de fe inquebrantable, dedicació implacable i compassió sense límits. La seva sortida d'aquest món no va ser un final, sinó més aviat una transició, deixant enrere un llegat que continuaria modelant el cor i la ment dels creients durant les generacions futures.

Capítol 21: Successió i califat

La mort del profeta Mahoma l'any 632 dC va deixar la comunitat musulmana en un estat de profund dolor i incertesa. Amb el Profeta ja no allà per proporcionar una guia directa, el repte immediat que s'enfrontaven els creients era determinar la successió del lideratge. Aquest període, conegut com la Crisi de la Successió, va ser fonamental per donar forma a la història primerenca de l'Islam i la formació del Califat, el lideratge polític i religiós de l'estat islàmic.

Immediatament després de la mort del Profeta, la comunitat musulmana es va reunir per decidir qui els dirigiria. Els Ansar (els Auxiliadors de Medina) i els Muhajirun (els emigrants de la Meca) es van reunir a Saqifah, un lloc de trobada a Medina, per discutir l'assumpte. Els Ansar van proposar inicialment un líder entre ells, reconeixent les seves contribucions substancials per donar suport al Profeta i la primera comunitat musulmana. No obstant això, el Muhajirun, que havia estat estretament associat amb el Profeta des dels primers dies de l'Islam, va defensar que el lideratge vingués d'entre ells.

Enmig d'aquestes discussions, Umar ibn al-Khattab, un destacat company del Profeta, va proposar que Abu Bakr fos el líder. Umar va destacar l'estreta relació d'Abu Bakr amb el Profeta, la seva primera conversió a l'Islam i el seu suport inquebrantable durant tota la missió del Profeta. Abu Bakr havia estat el company del Profeta a l'Hègira a Medina i se li havia encarregat de dirigir les oracions durant la malaltia final del Profeta, cosa que significava el seu protagonisme dins la comunitat.

La nominació d'Abu Bakr va tenir una àmplia acceptació i va ser declarat el primer califa (successor) de la comunitat musulmana. Aquesta decisió va ser significativa no només perquè va establir un precedent per a la successió del lideratge, sinó també perquè reflectia un enfocament de govern impulsat pel consens, posant èmfasi en la unitat i l'estabilitat.

Com a primer califa, Abu Bakr es va enfrontar al repte immediat de consolidar la comunitat musulmana i abordar la dissidència interna. El seu lideratge es va caracteritzar per un compromís amb els principis de l'islam, la justícia i la preservació del naixent estat musulmà. Una de les seves primeres accions com a califa va ser abordar les guerres de Ridda (Guerres d'apostasia), que van ser una sèrie de rebel·lions de diverses tribus que havien renunciat a l'islam després de la mort del Profeta. Aquestes tribus creien que la seva lleialtat era únicament a Mahoma, no al nou lideratge.

La resposta d'Abu Bakr a aquestes rebel·lions va ser ferma i decisiva. Va enviar expedicions militars per reafirmar l'autoritat de l'estat musulmà i reintegrar les tribus rebels al corral islàmic. El seu èxit en aquestes campanyes va ajudar a estabilitzar la regió i reafirmar la unitat de la comunitat musulmana.

El califat d'Abu Bakr, encara que breu, va establir les bases per a l'expansió posterior de l'estat islàmic. El seu compromís amb els principis de justícia i l'adhesió a l'Alcorà i la Sunnah van establir un estàndard per als futurs líders. Va nomenar Umar ibn al-Khattab com el seu successor, assegurant una transició suau del poder i la continuïtat del lideratge.

El califat d'Umar (634-644 dC) va estar marcat per una important expansió territorial i reformes administratives. Sota el seu lideratge, l'estat islàmic va estendre el seu abast més enllà de la península aràbiga, conquerint amplis territoris que inclouen parts dels imperis bizantí i sassànide. Aquestes conquestes van ser impulsades per una combinació de proesa militar i diplomàcia estratègica, amb Umar emfatitzant el tracte just i just als pobles conquerits.

Les reformes administratives d'Umar van incloure l'establiment d'una burocràcia formal, la creació de noves ciutats per donar suport a l'estat en creixement i la introducció d'un sistema de cens i impostos. El seu èmfasi en la justícia i la responsabilitat era evident en el seu govern, ja que va instituir un sistema de controls i equilibris per garantir que els funcionaris actuessin d'acord amb els principis islàmics.

Una de les contribucions més significatives d'Umar va ser l'establiment del calendari islàmic, que va començar amb l'Hègira, que va marcar la migració del Profeta i els seus seguidors de la Meca a Medina. Aquest calendari va proporcionar un sistema unificat de cronometratge per a la comunitat musulmana i va subratllar la importància de l'Hègira com a moment definitori de la història islàmica.

Després de l'assassinat d'Umar el 644 dC, Uthman ibn Affan va ser elegit tercer califa. El califat d'Uthman (644-656 CE) va estar marcat per una major expansió de l'estat islàmic i l'estandardització de l'Alcorà. Reconeixent la necessitat d'un text uniforme per evitar variacions en la recitació, Uthman va encarregar a un comitè per compilar l'Alcorà en un text únic i autoritzat. Aquesta recopilació es va distribuir després a diverses regions, assegurant la coherència en la transmissió del text sagrat.

El lideratge d'Uthman, però, es va enfrontar a reptes importants, incloses acusacions de nepotisme i descontentament entre diverses faccions de la comunitat musulmana. Aquestes tensions van culminar finalment amb una rebel·lió i l'assassinat d'Uthman l'any 656 d.C., que va submergir l'estat musulmà en un període d'agitació i conflictes civils.

L'elecció d'Alí ibn Abi Talib com a quart califa va marcar l'inici d'una nova i polèmica fase en la història del califat. El califat d'Alí (656-661 dC) es va caracteritzar per un conflicte intern, sobretot la Primera Fitna (guerra civil islàmica). Ali es va enfrontar a l'oposició de diversos sectors, incloent Aisha, la vídua del Profeta, i Muawiyah, el governador de Síria. Aquests conflictes van ser motivats per una combinació de factors polítics, socials i econòmics, així com per diferents interpretacions del govern islàmic.

Malgrat els reptes, el lideratge d'Alí estava marcat per un compromís amb la justícia, la pietat i l'adhesió als principis islàmics.

Els seus esforços per abordar les queixes i restaurar la unitat dins de la comunitat musulmana es van trobar amb suport i resistència. La batalla de Siffin i el procés d'arbitratge que va seguir van complicar encara més el panorama polític, i van provocar la fragmentació eventual de l'estat musulmà.

L'assassinat d'Alí l'any 661 d.C. va marcar el final del califat de Rashidun (guiat correctament) i l'inici del califat dels omeies sota Muawiyah. La transició del Califat Rashidun al Califat Omeia va representar un canvi significatiu en la naturalesa del govern islàmic, d'un model relativament igualitari i consultiu a una forma de lideratge més centralitzada i hereditària.

El període del califat de Rashidun, malgrat els seus reptes i conflictes, va ser fonamental per donar forma al primer estat islàmic i establir principis clau de govern. El compromís dels califes amb la justícia, la consulta i l'adhesió als principis islàmics va proporcionar un model per a les generacions futures. Els reptes als quals es van enfrontar i les solucions que van implementar van posar de manifest la naturalesa dinàmica i evolutiva del lideratge islàmic.

Reflexionant sobre la successió i el primer califat, veiem un període de profunda importància en la història islàmica. El lideratge dels califes Rashidun va establir l'escenari per a l'expansió i consolidació de l'estat islàmic, mentre que les seves lluites i èxits continuen inspirant i informant la comprensió contemporània del govern i el lideratge islàmics. El llegat d'aquest període és un testimoni dels principis perdurables de justícia, unitat i fe que es troben al cor de l'Islam.

Capítol 22: El llegat de Mahoma

El llegat del profeta Mahoma és un fenomen profund i polièdric que ha deixat una empremta indeleble al món. Com a profeta final de l'Islam, els seus ensenyaments, accions i caràcter han influït en milers de milions de persones al llarg dels segles. El seu llegat no es limita només al regne espiritual; engloba dimensions socials, polítiques i culturals, configurant societats i civilitzacions de maneres profundes.

Un dels aspectes més duradors del llegat de Mahoma és el seu paper de Missatger d'Al·là. A través de la revelació de l'Alcorà, va proporcionar una guia completa per viure una vida d'acord amb la voluntat divina. L'Alcorà, considerat pels musulmans com la paraula literal de Déu, aborda tots els aspectes de l'existència humana, des de la conducta personal fins a la justícia social, des de la devoció espiritual fins als principis legals. El paper de Mahoma en la transmissió i l'exemplificació dels ensenyaments de l'Alcorà ha assegurat que el seu missatge segueixi sent fonamental per a la fe i la pràctica dels musulmans d'arreu del món.

La Sunna de Mahoma, el registre de les seves dites, accions i aprovacions, complementa l'Alcorà i proporciona exemples pràctics de com viure els seus ensenyaments. La literatura hadith, que documenta la Sunnah, serveix com una font crucial d'orientació per als musulmans, ajudant-los a navegar per les complexitats de la vida diària d'una manera coherent amb els principis islàmics. L'èmfasi del Profeta en la misericòrdia, la compassió, la justícia i la humilitat es reflecteix en les seves interaccions amb els altres i el seu enfocament al lideratge.

L'establiment d'una comunitat musulmana cohesionada (Ummah) sota el lideratge de Mahoma és un altre aspecte clau del seu llegat. Va transformar una societat àrab fragmentada, plagada de conflictes tribals i injustícies socials, en una comunitat unificada lligada per una fe i un marc ètic compartits. Els principis de fraternitat, igualtat i solidaritat social que va promoure van ajudar a superar les divisions profundes i van fomentar el sentit de la responsabilitat col·lectiva. Aquest sentit de comunitat continua sent una pedra angular de la identitat i la pràctica musulmana.

L'impacte de Mahoma en la justícia social i els drets humans és especialment destacable. Va defensar els drets dels marginats i vulnerables, incloses les dones, els orfes, els esclaus i els pobres. Els seus ensenyaments van emfatitzar la dignitat i el valor inherents de cada individu, independentment de l'estatus social o ètnia. En defensar el tracte just a les dones, va desafiar moltes de les normes vigents del seu temps, atorgant a les dones drets en el matrimoni, l'herència i l'educació. Les seves accions i ensenyaments van establir les bases per a una societat més equitativa i justa.

En l'àmbit de la governança i la política, el llegat de Mahoma també és significatiu. Els principis de Shura (consulta), responsabilitat i justícia que va instituir a Medina van proporcionar un model de govern islàmic. El seu estil de lideratge, caracteritzat per la humilitat, la justícia i el servei a la comunitat, va establir un estàndard per als governants musulmans posteriors. La Constitució de Medina, que va establir, sovint es cita com un dels primers exemples d'una constitució escrita, que descriu els drets i les responsabilitats dels diversos grups de l'estat i posa l'accent en el respecte i la cooperació mutus.

La ràpida expansió de l'estat islàmic després de la mort de Mahoma, sota el lideratge dels califes Rashidun, es pot atribuir en gran part als fonaments que va posar. El seu èmfasi en la justícia, la integritat moral i l'adhesió als principis islàmics van guiar les primeres conquestes musulmanes i l'administració dels territoris recentment adquirits. La propagació de l'islam per vastes regions de l'Orient Mitjà, el nord d'Àfrica i més enllà va anar acompanyada d'un floriment de la cultura, la ciència i l'aprenentatge, sovint anomenada l'Edat d'Or islàmica.

El llegat de Mahoma s'estén als assoliments intel·lectuals i culturals de la civilització islàmica. L'èmfasi en el coneixement i l'aprenentatge que va promoure va inspirar un període notable d'avenços científics, mèdics, filosòfics i artístics. Els estudiosos islàmics van fer contribucions significatives a diversos camps, preservant i construint sobre el coneixement de civilitzacions anteriors. Aquest patrimoni intel·lectual ha tingut un impacte durador en la cultura global i continua inspirant l'estudi i la innovació contemporànies.

A més del seu impacte en la civilització islàmica, el llegat de Mahoma també ha donat forma a les relacions i els diàlegs interreligiosos. El seu enfocament respectuós i inclusiu a la gent del llibre (jueus i cristians) va establir un precedent per a les interaccions interreligioses. Els pactes que va fer amb diverses comunitats religioses van emfatitzar el respecte mutu i la protecció de les llibertats religioses. Aquests principis continuen informant els esforços contemporanis per fomentar la comprensió i la cooperació entre les diferents tradicions religioses.

Les qualitats personals i el caràcter de Mahoma també han deixat una impressió duradora. Se'l recorda per la seva honestedat, confiança, humilitat i compassió. La seva capacitat per perdonar i mostrar pietat fins i tot amb els seus enemics és un testimoni de la seva integritat moral i ètica. Aquestes qualitats l'han fet estimar per milions de persones, no només com a líder religiós sinó també com a model de conducta humana exemplar.

L'amor i la reverència que els musulmans tenen per Mahoma són evidents en la seva vida quotidiana i en les seves pràctiques religioses. El seu nom és invocat en oracions, i la seva vida es commemora en diverses tradicions religioses i culturals. La celebració de Mawlid al-Nabi, l'aniversari del Profeta, és un reflex del profund afecte i respecte que els musulmans li tenen. L'estudi de la seva vida i els seus ensenyaments (Seerah) segueix sent un component central de l'educació islàmica, assegurant que el seu llegat es transmeti de generació en generació.

El llegat de Mahoma també és evident en els valors ètics i morals que continuen guiant les societats musulmanes. Els principis de justícia, compassió, honestedat i responsabilitat social que va destacar segueixen sent rellevants i influents. En un món que lluita amb problemes de desigualtat, conflicte i decadència moral, els ensenyaments de Mahoma ofereixen solucions atemporals i inspiració per crear una societat més justa i compassiu.

En conclusió, el llegat de Mahoma és vast i polifacètic, i inclou dimensions espirituals, socials, polítiques i culturals. Els seus ensenyaments i exemple continuen guiant i inspirant els musulmans de tot el món, donant forma a la seva fe, valors i forma de vida. El profund impacte que va tenir a la península aràbiga i la posterior expansió de l'islam ha deixat una empremta indeleble en la història del món. El seu llegat és un testimoni del poder perdurable de la fe, la importància de la justícia i la compassió i el potencial de lideratge transformador.

Capítol 23: La família del profeta

La família del profeta Mahoma ocupa un lloc central i venerat en la tradició islàmica. Coneguda com l'Ahl al-Bayt, que significa "Gent de la Casa", la família del Profeta inclou les seves dones, fills i parents propers. Les seves vides i llegats són integrals per entendre el context més ampli de la història islàmica i els ensenyaments del Profeta.

La família del profeta Mahoma comença amb les seves dones, que es coneixen col·lectivament com les Mares dels Creients (Ummahat al-Mu'minin). Van jugar un paper crucial en el suport de la seva missió i van ser fonamentals per preservar i transmetre els seus ensenyaments. Khadijah bint Khuwaylid, la primera esposa de Mahoma, va ser una empresaria d'èxit que va oferir un suport inquebrantable durant els primers i desafiants anys de la seva profecia. Va ser la primera persona que va acceptar l'Islam i va romandre una font constant d'ànim i força fins a la seva mort.

Després de la mort de Khadijah, Muhammad es va casar amb altres dones, cadascuna de les quals va contribuir de manera única a la seva vida ia la primera comunitat musulmana. Aisha bint Abi Bakr, la filla d'Abu Bakr, el primer califa, és una de les més conegudes. Aisha va ser una erudita notable i és una de les fonts principals de l'hadith, que proporciona informació inestimable sobre la vida i els ensenyaments del Profeta. Les seves contribucions intel·lectuals i el seu lideratge continuen sent molt apreciats dins de l'estudi islàmic.

Entre les altres esposes del Profeta hi havia Sawda bint Zam'a, que es va casar amb Mahoma després de la mort de Khadijah i va proporcionar estabilitat durant un període de transició, i Hafsa bint Umar, la filla del segon califa, Umar ibn al-Khattab. Hafsa era coneguda per la seva forta voluntat i pietat. Zaynab bint Jahsh, una altra de les dones de Mahoma, era coneguda per la seva caritat i devoció. Cada dona va aportar diferents qualitats i fortaleses, contribuint a l'entorn divers i solidari al voltant del Profeta.

Els fills del Profeta també tenen un lloc important en la història islàmica. Els seus fills, Qasim i Abdullah (també coneguts com Tayyib i Tahir), tots dos van morir en la infància, cosa que va ser una font de dolor personal per al Profeta. Les seves filles, però, van jugar un paper crucial en el desenvolupament de la primera comunitat musulmana.

Fatimah, la filla petita de Mahoma, és especialment venerada. Era profundament devota al seu pare i exemplificava la pietat i la virtut. Fàtima es va casar amb Ali ibn Abi Talib, cosí del Profeta i una figura clau de l'islam. Els seus fills, Hasan i Husayn, són especialment significatius. Hasan es va convertir en una figura important de la comunitat musulmana, conegut per la seva saviesa i els seus esforços per mantenir la pau. Husayn, en canvi, és recordat pel seu martiri a la batalla de Karbala, un esdeveniment que té una importància immensa, especialment per als musulmans xiïtes. La postura de Husayn contra la tirania i el seu sacrifici final es veuen com un profund exemple de fe i coratge.

La família del Profeta també incloïa el seu estimat oncle, Abu Talib, que, tot i que mai no es va convertir a l'islam, va proporcionar protecció i suport a Mahoma durant els primers anys de la seva missió. El fill d'Abu Talib, Ali, es va convertir en el quart califa i una figura central tant en l'islam sunnita com en l'islam xiïta. El lideratge, la saviesa i l'estreta relació d'Alí amb el Profeta el van convertir en una figura venerada el llegat de la qual continua influenciant el pensament i la pràctica islàmiques.

La família del Profeta es va enfrontar a nombrosos reptes i proves, tant durant la seva vida com després de la seva mort. La primera comunitat musulmana estava sovint amenaçada, i els membres de la família del Profeta es van veure directament afectats per aquestes lluites. Malgrat aquestes dificultats, la seva fe i resistència van deixar un impacte durador en el món musulmà.

A més dels seus papers en el primer estat islàmic, els membres de la família del Profeta també van contribuir significativament a la preservació i difusió dels seus ensenyaments. La seva proximitat a Mahoma els va proporcionar una visió única del seu caràcter i missatge, fent que els seus relats siguin inestimables per a les generacions posteriors de musulmans. La literatura hadith, per exemple, inclou nombroses narracions d'Aisha, Fàtima, Ali i altres, que ofereixen relats detallats de les paraules i accions del Profeta.

La reverència per l'Ahl al-Bayt és particularment pronunciada a l'Islam xiïta, on la família del Profeta ocupa un lloc central en el pensament i la pràctica religiosa. Els musulmans xiïtes creuen que el lideratge de la comunitat musulmana hauria d'haver romangut dins de la família del Profeta, començant per Ali i continuant pels seus descendents, coneguts com els imams. L'imamat, o el lideratge d'aquests imams, és un aspecte fonamental de la creença xiïta, posant èmfasi en l'autoritat espiritual i moral del llinatge del Profeta.

En l'islam sunnita, tot i que hi ha un profund respecte i amor per la família del Profeta, el concepte de lideratge s'estén més enllà dels seus descendents immediats. No obstant això, les contribucions i els sacrificis de l'Ahl al-Bayt encara són molt honrats, i el seu exemple es veu com una llum orientadora per als musulmans de tot arreu.

Les vides dels membres de la família del Profeta són sovint citades com a exemples de pietat, devoció i integritat moral. Les seves històries s'expliquen i tornen a explicar en diverses tradicions islàmiques, i serveixen com a fonts d'inspiració i orientació. Ja sigui a través de les contribucions erudites d'Aisha, el coratge de Fàtima, el liberatge d'Alí o el martiri de Husayn, el llegat de la família del Profeta continua ressonant profundament al món islàmic.

En conclusió, la família del profeta Mahoma ocupa un lloc especial i venerat a l'Islam. Les seves vides i contribucions proporcionen un llegat ric i durador que complementa els ensenyaments del Profeta i continua inspirant els musulmans a través de generacions. El compromís de l'Ahl al-Bayt amb la fe, la justícia i l'excel·lència moral serveix com un exemple atemporal per a tots els que busquen viure d'acord amb els principis de l'Islam.

Capítol 24: Les dones a la vida del profeta

El paper de les dones en la vida del profeta Mahoma va ser alhora profund i transformador, reflectint el seu compromís d'elevar el seu estatus i drets dins d'una societat tradicionalment patriarcal. Al llarg de la seva vida, les interaccions del Profeta amb les dones, ja siguin les seves dones, filles o altres figures femenines, van demostrar un profund respecte i un compromís amb la justícia que assentarien les bases del paper evolutiu de les dones a l'Islam. Les seves contribucions, experiències i les actituds del Profeta envers ells proporcionen un ric tapís del seu enfocament de les relacions de gènere i la reforma social.

Khadijah bint Khuwaylid va ser la primera esposa del Profeta i una de les figures més significatives de la seva vida. Com a dona de negocis d'èxit i dona d'alta posició social a la Meca, el suport de Khadijah va ser fonamental durant els primers anys de l'Islam. Ella no només va ser la primera persona que va acceptar el missatge de Mahoma, sinó que també li va oferir suport emocional i econòmic. El seu paper va transcendir els límits convencionals d'una dona; va ser una confident, consellera i companya de la missió profètica. La fe i el suport inquebrantables de Khadijah van ser crucials per mantenir la determinació de Mahoma durant els primers anys de persecució. El seu llegat es celebra per la seva força, saviesa i el paper que va exercir en la comunitat musulmana naixent.

Després de la mort de Khadijah, Muhammad es va casar amb altres dones, cadascuna de les quals va tenir un paper i un impacte diferents en la seva vida i en la primera comunitat musulmana. **Sawda bint Zam'a**, la seva segona dona, era coneguda per la seva amabilitat i dedicació. El seu matrimoni amb Muhammad va proporcionar estabilitat i companyonia durant un període de canvis personals i socials significatius. El paper de Sawda va ser particularment important després de la mort de Khadijah, ja que va ajudar a crear un entorn de suport i nodria al voltant del Profeta.

Aisha bint Abi Bakr , la filla d'Abu Bakr, amic íntim del Profeta i primer califa, va ser una altra figura influent en la vida de Mahoma. Aisha és coneguda pel seu ampli coneixement de la jurisprudència islàmica i els hadits, fet que la converteix en una de les erudites més importants de la història islàmica primitiva. El seu intel·lecte i memòria aguda van contribuir significativament a la preservació i transmissió de les dites i pràctiques del Profeta. Les contribucions d'Aisha a la beca islàmica, la seva implicació en la política islàmica primerenca i el seu paper com a professora subratllen el seu profund impacte en la vida intel·lectual islàmica.

Hafsa bint Umar , una altra dona del Profeta, era coneguda per la seva pietat i intel·lecte. Filla del segon califa, Umar ibn al-Khattab, a Hafsa se li va encarregar la compilació de l'Alcorà durant el califat del seu marit, cosa que va posar de manifest la seva importància dins de la primera comunitat musulmana. El seu paper com a guardià de l'Alcorà il·lustra la confiança i el respecte que es va guanyar dels seus contemporanis i subratlla el respecte que es concedeix a les dones del Profeta.

Zaynab bint Jahsh era coneguda pel seu treball benèfic i devoció. El seu matrimoni amb Mahoma va ser significatiu no només pels seus aspectes personals sinó també per les seves implicacions socials. El compromís de Zaynab d'ajudar els pobres i el seu paper de suport a la comunitat musulmana va reflectir l'èmfasi del Profeta en la justícia social i la caritat.

Les interaccions de Mahoma amb les seves filles, especialment **Fatimah bint Muhammad** , també il·lustren la seva posició progressista sobre els drets de les dones. Fatimah era profundament estimada pel seu pare i va tenir un paper central en la seva vida. El seu matrimoni amb Ali ibn Abi Talib, el cosí del Profeta, i el naixement dels seus fills, Hasan i Husayn, van integrar encara més la família del Profeta en el lideratge de la comunitat musulmana. Fatimah és venerada per la seva pietat, coratge i resistència. La seva vida i les seves lluites reflecteixen els canvis socials més amplis que Mahoma va intentar implementar, inclòs la millora de l'estatus de les dones i el seu paper important dins de la comunitat musulmana.

L'enfocament del Profeta a les dones es va estendre més enllà de la seva família immediata. Les seves interaccions amb dones de la Meca i Medina revelen el seu compromís per millorar el seu estatus i drets. Per exemple, els seus ensenyaments van emfatitzar la importància de l'educació per a les dones, un concepte revolucionari en una societat on les oportunitats educatives de les dones eren limitades. Va fomentar la recerca del coneixement, que es considerava essencial tant per a homes com per a dones, i va donar suport a les dones que pretenien aprendre i ensenyar.

A les primeres comunitats musulmanes, les dones van exercir un paper crucial en diverses capacitats. Estaven implicats en l'educació religiosa, el benestar social i fins i tot en assumptes polítics. Dones com **Umm Salama** i **Umm Ayman** van ser figures destacades que van contribuir a la difusió i l'establiment de l'Islam. Umm Salama, una de les dones del Profeta, era coneguda per la seva saviesa i va tenir un paper important en la mediació i l'assessorament durant els moments crucials de la història islàmica. Umm Ayman, una altra figura notable, va ser una de les primeres converses i va continuar donant suport al Profeta i a la comunitat musulmana al llarg de la seva vida.

Els ensenyaments de Mahoma també tractaven qüestions dels drets de les dones i la justícia social. L'Alcorà, revelat a Mahoma, conté nombrosos versos que emfatitzen la dignitat, el respecte i els drets de les dones. Aquests ensenyaments van ser revolucionaris en el context de l'Aràbia del segle VII, on les dones sovint s'enfrontaven a greus desavantatges socials i econòmics. L'èmfasi del Profeta en la justícia, l'equitat i la compassió cap a les dones va marcar una sortida significativa de les pràctiques preislàmiques i va establir un nou estàndard per al seu tractament.

Per exemple, les reformes del Profeta incloïen l'establiment dels drets de les dones en el matrimoni i el divorci, l'herència i l'autonomia personal. Va defensar el tracte just de les dones dins del matrimoni, la protecció dels seus drets i la seva capacitat de participar en els assumptes de la societat. Els seus ensenyaments van promoure un tracte més equitatiu de les dones, desafiant les normes existents i defensant el seu empoderament.

En resum, les dones de la vida del profeta Mahoma no només van ser figures significatives en la seva vida personal, sinó que també van tenir un paper essencial en el desenvolupament i la difusió dels ensenyaments islàmics. Des del suport de Khadijah durant els primers dies de l'islam fins a les contribucions d'Aisha a la literatura hadith, el paper de cada dona va destacar l'enfocament progressista de Mahoma a les relacions de gènere i el seu compromís per millorar l'estatus i els drets de les dones. Les seves vides i contribucions reflecteixen l'impacte transformador més ampli dels ensenyaments de Mahoma sobre els papers de les dones a la societat, establint precedents que continuen influint en el pensament i la pràctica islàmiques fins als nostres dies.

Capítol 25: Justícia social i ètica

Els principis de justícia social i ètica són fonamentals per als ensenyaments del profeta Mahoma, profundament integrats en el seu missatge i pràctica. La seva vida va exemplificar el compromís de crear una societat justa i justa, i els seus ensenyaments continuen configurant el marc moral i ètic dins de la tradició islàmica. L'èmfasi en la justícia social i el comportament ètic reflecteix la seva profunda preocupació pel benestar de tots els individus i el tracte equitatiu de cada membre de la societat.

Des del començament de la seva missió profètica, Mahoma es va enfrontar a les injustícies socials prevalents a l'Aràbia preislàmica. La societat meca estava marcada per profundes divisions entre l'elit rica i els pobres, una explotació desenfrenada i una desigualtat generalitzada. Els ensenyaments del Profeta pretenien abordar aquests problemes promovent principis d'equitat, compassió i respecte per la dignitat humana.

Un dels aspectes més significatius de l'enfocament de Mahoma a la justícia social va ser la seva defensa dels drets dels marginats i desfavorits. L'Alcorà i l'Hadith subratllen la importància de tenir cura dels orfes, les vídues i els pobres. El mateix Mahoma era conegut per la seva bondat amb els necessitats i els seus esforços per millorar les seves circumstàncies. Va establir mecanismes de benestar social, inclosa la distribució d'almoines (zakat) i actes benèfics, per garantir que els menys afortunats rebin suport.

El compromís del Profeta amb la justícia també es va fer evident en les seves reformes relacionades amb les pràctiques econòmiques. S'oposava a la usura (riba), que explotava els pobres i creava disparitat econòmica. En canvi, va fomentar el comerç just, l'honestedat i el comportament ètic en les transaccions financeres. Els ensenyaments de Mahoma sobre la justícia econòmica pretenien prevenir l'explotació i assegurar que la riquesa es distribuís de manera més equitativa dins la societat.

A més de les reformes econòmiques, els ensenyaments de Mahoma sobre la justícia social es van estendre a l'àmbit de la conducta personal. Va destacar la importància del comportament ètic en tots els aspectes de la vida, incloent-hi l'honestedat, la integritat i el respecte als altres. El caràcter del Profeta era un model de conducta ètica, i les seves accions reflectien el seu compromís de mantenir alts estàndards morals. Va animar els seus seguidors a emular aquestes qualitats, promovent una cultura de respecte, empatia i equitat.

El concepte de justícia a l'Islam no es limita a les relacions interpersonals, sinó que també s'estén a estructures socials més àmplies. El lideratge de Mahoma a Medina va exemplificar el seu enfocament a la governança, que es basava en principis de justícia i consulta. La Constitució de Medina, redactada sota la seva direcció, va establir un marc de govern que reconeixia els drets i les responsabilitats de les diferents comunitats dins de l'estat. Aquest document va promoure el respecte mutu, la cooperació i el tracte just, sent un precedent per al futur govern islàmic.

Un altre aspecte clau dels ensenyaments de Mahoma sobre justícia social va ser el seu enfocament en els drets i l'estatus de la dona. En una societat on les dones sovint s'enfrontaven a importants desavantatges, les reformes del Profeta van ser revolucionàries. Va defensar els drets de les dones en el matrimoni, l'herència i l'educació, i va destacar la importància de tractar les dones amb respecte i dignitat. Els ensenyaments de Mahoma tenien com a objectiu millorar la condició de la dona i promoure l'equitat de gènere, desafiant moltes de les normes imperants del seu temps.

La preocupació del Profeta per la justícia social també es va estendre a temes d'igualtat racial i tribal. En una societat profundament dividida en línies tribals, Mahoma va promoure la idea que totes les persones són iguals als ulls de Déu, independentment de la seva raça o ètnia. El famós sermó del pelegrinatge de comiat subratlla aquest principi, ja que Mahoma va declarar que no hi ha superioritat d'una raça o tribu sobre una altra, excepte en la pietat i les bones accions. Aquest èmfasi en la igualtat va desafiar les jerarquies socials arrelades i va promoure una visió d'una societat més inclusiva i equitativa.

Els ensenyaments de Mahoma sobre ètica i justícia social també abordaven qüestions de resolució de conflictes i reconciliació. El seu enfocament per resoldre les disputes es va caracteritzar per l'equitat, l'empatia i el compromís de trobar solucions pacífiques. Els mètodes d'arbitratge i mediació del Profeta tenien com a objectiu restaurar l'harmonia i la justícia, reforçant el seu missatge més ampli de compassió i respecte per tots els individus.

El marc ètic establert per Mahoma ha tingut un impacte durador en el pensament i la pràctica islàmics. El seu èmfasi en la justícia social, la integritat i el respecte als altres segueix configurant els estàndards morals i ètics dins de la comunitat musulmana. La jurisprudència islàmica (fiqh) incorpora aquests principis, guiant les normes legals i socials de manera que reflecteixin els ensenyaments del Profeta.

En conclusió, el compromís del profeta Mahoma amb la justícia social i l'ètica va ser un aspecte central de la seva missió. Els seus ensenyaments i accions van demostrar una profunda preocupació pel benestar de tots els individus i el tracte equitatiu de tots els membres de la societat. Mitjançant les seves reformes, la seva conducta ètica i l'èmfasi en la justícia, Mahoma va establir les bases d'un marc moral i social que segueix influint en el pensament i la pràctica islàmics actuals. El seu llegat és un testimoni de la rellevància duradora dels seus principis per promoure una societat justa, compassiu i ètica.

Capítol 26: Relacions interreligioses

L'enfocament del profeta Mahoma a les relacions interreligioses és un aspecte notable del seu llegat, que reflecteix el seu compromís amb la convivència pacífica, el respecte mutu i el diàleg entre les diferents comunitats religioses. Les seves interaccions amb els no musulmans i les seves polítiques cap a diversos grups religiosos es van caracteritzar per un èmfasi en la tolerància, la comprensió i l'equitat.

En els primers anys de l'Islam, quan Mahoma i els seus seguidors eren una minoria a la Meca, el Profeta es va enfrontar a una oposició i hostilitat considerable de la tribu Quraysh i altres politeistes. Malgrat l'adversitat, els seus ensenyaments es van mantenir centrats a defensar un missatge de pau i convivència. Ha posat èmfasi en els punts en comú compartits amb altres tradicions religioses i ha intentat involucrar-se en un diàleg respectuós en lloc de la confrontació.

Un dels documents més significatius que reflecteixen l'enfocament de Mahoma a les relacions interreligioses és la Constitució de Medina, també coneguda com la Carta de Medina. Redactat poc després de la migració (Hijrah) a Medina, aquest document va establir un marc per a la governança i l'ordre social a la nova comunitat musulmana. La Constitució destaca per la seva inclusió i el reconeixement dels drets i deures de diversos grups, inclosos els jueus i els pagans que viuen a Medina.

La Constitució de Medina és un document innovador pel que fa a les relacions interconfessionals. Reconeixia la diversitat de la comunitat, que incloïa no només musulmans sinó també jueus i altres tribus no musulmanes. Els atorgava protecció i garantia la seva llibertat religiosa alhora que assegurava la seva participació en la vida social i política de la ciutat. Aquest enfocament tenia com a objectiu fomentar la cooperació i el respecte mutu entre les diferents comunitats, establint un precedent per a futures interaccions entre musulmans i no musulmans.

Un dels exemples més famosos de la diplomàcia interreligiosa de Mahoma va ser la seva relació amb la delegació cristiana de Najran. L'any 631 dC, una delegació de cristians de Najran va visitar el profeta a Medina per discutir qüestions religioses. Mahoma es va comprometre amb ells en un diàleg respectuós i es va arribar a un acord mutu, que incloïa disposicions per a la seva llibertat i protecció religiosa. Aquesta interacció va demostrar la voluntat del Profeta de participar en discussions significatives amb representants d'altres confessions i de respectar les seves creences alhora que es mantenen els principis islàmics.

Un altre aspecte important de les relacions interreligioses de Mahoma va ser el seu enfocament a la Gent del Llibre, un terme utilitzat a l'Alcorà per referir-se als jueus i als cristians. L'Alcorà reconeix l'herència monoteista compartida entre l'islam, el judaisme i el cristianisme, i posa l'accent en el respecte pels seguidors d'aquestes religions. Les interaccions del Profeta amb la Gent del Llibre es van guiar pel principi de reconèixer la seva fe mentre els convidava a comprendre i considerar el missatge de l'Islam.

El respecte de Mahoma per la Gent del Llibre es reflecteix en el seu tractament a les minories religioses dins de l'estat islàmic. Va establir acords amb diverses comunitats cristianes i jueves, assegurant els seus drets i llibertats religioses. Aquests acords sovint incloïen disposicions per a la protecció, el manteniment dels llocs de culte i l'observança de les seves pràctiques religioses. Les polítiques del Profeta pretenien crear una societat on diverses comunitats religioses poguessin conviure harmònicament mantenint les seves pròpies tradicions.

L'enfocament del Profeta a les relacions interreligiosos també es va estendre als seus ensenyaments sobre la bondat i el respecte cap als no musulmans. Va animar els musulmans a tractar els altres amb justícia i compassió, independentment de la seva afiliació religiosa. Les seves dites (hadith) inclouen nombrosos exemples de les seves interaccions amb persones no musulmanes que reflecteixen el seu compromís amb la conducta ètica i el respecte. Per exemple, es diu que va dir: "Qui faci mal a un ciutadà no musulmà serà perjudicat per mi el dia del judici". Aquesta declaració subratlla la importància de defensar els drets i la dignitat dels no musulmans.

A més de les seves polítiques i interaccions pràctiques, els ensenyaments de Mahoma sobre les relacions interreligioses estan incrustats en el marc ètic més ampli de l'Islam. L'Alcorà promou la idea de convivència pacífica i comprensió mútua. Anima els musulmans a relacionar-se amb persones d'altres religions d'una manera que es caracteritza pel respecte i la saviesa. Per exemple, la Sura Al-Ankabut (29:46) diu: "I no discutiu amb la gent de l'Escriptura excepte de la manera que sigui la millor", emfatitzant la importància del diàleg respectuós.

L'enfocament del Profeta a les relacions interreligioses va tenir un impacte durador en el desenvolupament del pensament i la pràctica islàmiques. Els seus principis de tolerància i respecte han influït en la jurisprudència islàmica i en el tractament de les minories religioses en diverses societats musulmanes. Al llarg de la història, molts estats islàmics s'han adherit a aquests principis, creant entorns on diverses comunitats religioses podrien conviure i contribuir a la societat més àmplia.

En resum, l'enfocament del profeta Mahoma a les relacions interreligioses va estar marcat per un compromís amb la tolerància, el respecte i el diàleg. Les seves interaccions amb els no musulmans, així com les seves polítiques i ensenyaments, reflecteixen una profunda comprensió de la importància de la convivència pacífica i el respecte mutu. Els principis que va establir continuen servint com a model per relacionar-se amb persones d'altres confessions d'una manera que mantingui els estàndards ètics i fomenti relacions harmonioses. El seu llegat en aquest sentit subratlla la rellevància duradora del seu missatge per promoure l'harmonia i la comprensió interreligiosa.

Capítol 27: Ensenyaments econòmics

Els ensenyaments econòmics del profeta Mahoma formen una part crucial del seu llegat, reflectint el seu compromís amb la justícia, l'equitat i el benestar de la societat. Els seus principis van abordar una sèrie de qüestions econòmiques, com ara la distribució de la riquesa, l'ètica empresarial i el benestar social. Aquests ensenyaments no només van orientar la conducta personal sinó que també van establir les bases d'un sistema econòmic just i equitatiu.

Un dels aspectes centrals dels ensenyaments econòmics de Mahoma és l'èmfasi en la distribució justa de la riquesa. A l'Aràbia preislàmica predominava la desigualtat econòmica, amb la riquesa concentrada en mans d'uns pocs i la majoria de la gent que vivia en la pobresa. Els ensenyaments de Mahoma pretenien abordar aquesta disparitat mitjançant la promoció de mecanismes per garantir que la riquesa es distribuís de manera més equitativa i que les necessitats dels menys afortunats fossin satisfetes.

La institució del **zakat** , o l'almoina, és un element clau d'aquest enfocament. El zakat és un dels cinc pilars de l'islam i exigeix que els musulmans donin una part de la seva riquesa (normalment el 2,5% dels estalvis i inversions acumulats) a aquells que ho necessiten. Aquesta pràctica pretén depurar la riquesa i redistribuir recursos dins la comunitat, reduint la pobresa i fomentant la solidaritat social. En institucionalitzar el zakat, Mahoma va posar èmfasi en la responsabilitat dels rics de donar suport als menys afortunats i assegurar-se que la seva prosperitat beneficiés la societat en el seu conjunt.

A més del zakat, **la sadaqah** (caritat voluntària) té un paper important en els ensenyaments econòmics de Mahoma. A diferència del zakat, que és obligatori, la sadaqah es dóna voluntàriament i pot ser de qualsevol quantitat. Reflecteix l'esperit de generositat i la importància d'ajudar els que ho necessiten més enllà de les aportacions obligatòries. Aquesta organització benèfica voluntària dóna suport a una cultura d'empatia i reforça la responsabilitat social de les persones per contribuir al benestar de la seva comunitat.

Els ensenyaments econòmics de Mahoma també abordaven qüestions d' **ètica empresarial** i comerç just. Era conegut per la seva pròpia conducta impecable com a comerciant, i les seves pràctiques comercials es van convertir en un model de comportament empresarial ètic. Va posar èmfasi en l'honestedat, la transparència i l'equitat en les transaccions, i va condemnar pràctiques com el frau, l'engany i l'explotació. Per exemple, s'informa que va dir: "El venedor i el comprador tenen l'opció de cancel·lar o confirmar el tracte tret que es separin, i si diguessin la veritat i aclareixin els defectes, aleshores serien beneïts en el seu negoci. i si amaguessin alguna cosa i diguessin mentides, llavors el seu negoci seria privat de la benedicció d'Al·là. Aquest hadiz subratlla la importància de l'honestedat en el comerç i les implicacions morals de les pràctiques empresarials.

La usura (riba) va ser un altre tema econòmic important abordat per Mahoma. La usura, o cobrar interessos sobre els préstecs, era una pràctica habitual a l'Aràbia preislàmica i sovint portava a l'explotació dels pobres i vulnerables. Mahoma va condemnar fermament la usura, considerant-la injusta i perjudicial per a l'harmonia social. La prohibició de la riba està arrelada a l'Alcorà, que diu: "Els que devoren la usura no es mantindran excepte com a aquell a qui el diable ha fet embogir [o frenesí] amb [el seu] toc" (Alcorà 2: 275). En prohibir la usura, Mahoma va intentar evitar l'acumulació de riquesa a costa d'altres i promoure un sistema financer més equitatiu.

Els ensenyaments del Profeta també abordaven el tema de **l'herència** , assegurant que la riquesa es distribuís de manera justa entre els membres de la família. L'Alcorà ofereix directrius específiques sobre l'herència, amb l'objectiu d'evitar disputes i garantir que tant els homes com les dones rebin les seves parts legítimes. Per exemple, estipula que els hereus, incloses les dones i els nens, han de rebre una part proporcional del patrimoni del difunt, que reflecteix un compromís amb l'equitat i la protecció dels familiars vulnerables. Aquestes directrius van ajudar a evitar la concentració de la riquesa en mans d'uns pocs i van garantir una distribució més equitativa dels recursos econòmics.

La justícia econòmica en els ensenyaments de Mahoma també s'estén al tracte dels treballadors i la importància de les pràctiques laborals justes. Ha posat èmfasi en els drets dels treballadors i en la necessitat de proporcionar-los salaris justos i condicions de treball justes. S'ha informat que Muhammad va dir: "Dóna al treballador el seu salari abans que se li assequi la suor", destacant la importància d'una compensació oportuna i justa pel treball. Aquest ensenyament subratlla l'obligació ètica dels empresaris de garantir que els treballadors són tractats amb respecte i que es garanteixen els seus drets.

L'enfocament de Muhammad sobre **l'acumulació de riquesa** també reflecteix el seu compromís amb la justícia social. Tot i que no va prohibir l'adquisició de riquesa, va fomentar un enfocament equilibrat que evitava l'acumulació excessiva i afavoria l'ús responsable dels recursos. La riquesa s'ha d'utilitzar en benefici de la societat i de manera que doni suport al benestar comunitari. Els ensenyaments del Profeta advoquen per la moderació i per evitar l'extravagància, animant les persones a portar una vida equilibrada i a contribuir positivament a les seves comunitats.

Els ensenyaments econòmics del Profeta van ser dissenyats per fomentar una societat justa i equitativa, on la riquesa i els recursos es gestionen de manera responsable i s'utilitzen per donar suport al bé comú. Els seus principis continuen influint en el pensament i la pràctica econòmica islàmica, configurant el marc moral i ètic dins del qual els musulmans participen en activitats econòmiques.

En resum, els ensenyaments econòmics del profeta Mahoma proporcionen un marc global per gestionar la riquesa i garantir la justícia social. El seu èmfasi en la distribució justa de la riquesa, les pràctiques empresarials ètiques, la prohibició de la usura, l'herència equitativa i les pràctiques laborals justes reflecteix el compromís de crear una societat justa i compassiu. Aquests ensenyaments segueixen sent rellevants avui dia, guiant els musulmans en els seus tractes econòmics i promovent principis d'equitat, generositat i responsabilitat social.

Capítol 28: Guerra i pau

L'enfocament del profeta Mahoma a la guerra i la pau és un aspecte important del seu llegat, que reflecteix el seu compromís amb la justícia, la misericòrdia i la protecció de la vida humana. Les seves estratègies i principis pel que fa a conflictes i resolució revelen una comprensió profunda de les complexitats de la guerra i la importància d'esforçar-se per la pau sempre que sigui possible.

Durant els primers anys de l'Islam, el Profeta es va enfrontar a una considerable oposició i hostilitat de la tribu Quraysh a la Meca. Malgrat l'escalada de la persecució dels musulmans, l'enfocament de Mahoma va ser de paciència i moderació. La seva estratègia no era buscar el conflicte sinó assentar les bases d'una societat justa i establir les bases d'una convivència pacífica. Durant aquest període es va posar l'accent en la paciència i la perseverança, centrant-se en la difusió del missatge de l'Islam i mantenint una postura digna malgrat les adversitats.

La situació va canviar amb la migració (Hijrah) a Medina, on la comunitat musulmana naixent es va enfrontar a nous reptes. Els musulmans ja no eren només una minoria perseguida, sinó que s'havien convertit en una comunitat important amb responsabilitats polítiques i socials. Els conflictes sorgits d'aquest període no eren buscats pel Profeta sinó que sovint eren respostes a agressions i amenaces per a la supervivència de la comunitat. Els principis que governaven aquests conflictes estaven guiats per ensenyaments islàmics sobre justícia, proporcionalitat i misericòrdia.

Un dels principis clau en l'enfocament del Profeta a la guerra era **la causa justa**. Segons els ensenyaments islàmics, la guerra només es justifica en determinades condicions, principalment en defensa contra l'agressió o l'opressió. L'Alcorà subratlla que la lluita només està permesa contra aquells que han fet mal als altres o han atacat primer. La sura Al-Hajj (22:39) diu: "S'ha donat permís per lluitar a aquells que s'estan lluitant perquè van ser injustos". Aquest principi subratlla que la guerra hauria de ser l'últim recurs, perseguit només quan s'hagin esgotat tots els altres mitjans de resolució.

El concepte de **proporcionalitat** és un altre aspecte crucial de l'ètica de la guerra islàmica. El profeta Mahoma va subratllar que qualsevol acció militar hauria de ser proporcionada a l'amenaça que s'enfrontava. Això vol dir que la resposta no ha de superar el necessari per fer front a l'agressió i ha d'evitar danys innecessaris. L'Alcorà instrueix als musulmans a evitar l'excés i a actuar dins dels límits de la justícia. La sura Al-Baqarah (2:190) diu: "Lluita en el camí d'Al·là als qui lluiten, però no transcendis els límits. De fet, Al·là no li agraden els transgressors". Aquest ensenyament garanteix que les accions militars romanguin limitades i se centren a aconseguir resultats justos sense causar un patiment indegut.

La protecció dels no combatents és un principi fonamental en l'ètica de la guerra islàmica. El profeta Mahoma va emetre instruccions clares sobre el tractament dels civils i els no combatents durant els conflictes. Els seus ensenyaments prohibien l'assassinat de dones, nens, gent gran i aquells que no participaven activament en el combat. A més, va prohibir la destrucció de conreus, arbres i bestiar, reconeixent la importància de minimitzar els danys col·laterals i preservar els recursos essencials. Aquestes directrius reflecteixen una profunda preocupació per les consideracions humanitàries i la protecció de vides innocents.

L'enfocament del Profeta per a la resolució de conflictes es va estendre més enllà del camp de batalla. Va buscar constantment aconseguir la pau mitjançant la diplomàcia i la negociació sempre que fos possible. Un exemple notable és el **Tractat d'Hudaybiyyah**, un acord de pau entre els musulmans i la tribu Quraysh. Malgrat els termes aparentment desfavorables per als musulmans, el Profeta va acceptar el tractat com un moviment estratègic per assegurar un període de pau i obrir el camí per a més diàleg. El tractat va permetre la possible propagació de l'islam i l'establiment d'un entorn més estable per a la comunitat musulmana. Aquest exemple demostra la perspicàcia estratègica del Profeta i el seu compromís per aconseguir la pau mitjançant enfocaments pragmàtics i pacients.

Un altre principi important en l'enfocament de Mahoma de la pau va ser el concepte de **reconciliació**. Després de la conquesta de la Meca, el Profeta va estendre una amnistia general als Quraysh, que abans havien estat els seus adversaris. La seva decisió de perdonar i mostrar clemència als qui havien lluitat contra ell reflectia el seu compromís de curar les divisions i fomentar la unitat. En triar la reconciliació per sobre de la retribució, Mahoma va exemplificar els valors del perdó i la misericòrdia, amb l'objectiu de construir una societat cohesionada basada en el respecte i la comprensió mutus.

Els ensenyaments del Profeta també subratllen la importància dels **tractats i acords** per mantenir la pau. Era conegut per respectar acords i tractats, fins i tot quan no era del seu interès immediat. Aquest compromís de complir els acords es reflecteix en les seves interaccions amb diverses tribus i comunitats, on va mantenir els termes dels acords i va treballar per garantir que es complissin les promeses. El seu respecte pels tractats subratlla el valor de la confiança i la fiabilitat per fomentar relacions pacífiques i mantenir l'estabilitat.

Els principis de **justícia** i **equitat** en la guerra i la pau són fonamentals per als ensenyaments del Profeta. Va defensar constantment per un tracte just a totes les parts implicades, inclosos els adversaris, i va intentar garantir que les accions durant el conflicte s'adherís a les normes ètiques. El seu lideratge i les seves decisions es van guiar per un compromís de defensar la justícia i garantir que totes les mesures preses fossin justes i proporcionades.

Al llarg de la seva vida, Muhammad va demostrar una profunda comprensió de les complexitats del conflicte i la necessitat de la pau. El seu enfocament a la guerra va estar marcat per un compromís amb la conducta ètica, el respecte a la vida humana i un profund desig d'aconseguir una pau duradora. Els seus ensenyaments continuen influenciant el pensament i la pràctica islàmiques, proporcionant un marc per abordar els conflictes amb justícia, misericòrdia i un compromís amb la dignitat humana.

En resum, l'enfocament del profeta Mahoma a la guerra i la pau reflecteix un profund compromís amb la justícia, la conducta ètica i la protecció de la vida humana. Els seus principis sobre causa justa, proporcionalitat, protecció dels no combatents, reconciliació i respecte als tractats subratllen la seva dedicació a aconseguir la pau i mantenir els estàndards humanitaris en els conflictes. El seu lideratge i els seus ensenyaments proporcionen un model per abordar els conflictes amb compassió i integritat, posant èmfasi en la importància d'esforçar-se per la pau i resoldre les disputes mitjançant el diàleg i l'equitat.

Capítol 29: L'estil de lideratge del profeta

L'estil de lideratge del profeta Mahoma és un aspecte profund i polifacètic del seu llegat, que exemplifica els principis de justícia, compassió i visió estratègica. El seu enfocament al lideratge no consistia només a guiar una comunitat, sinó també a encarnar els estàndards ètics i morals més alts. Els seus mètodes i principis de lideratge ofereixen valuoses lliçons que continuen inspirant i guiant la gent d'avui.

Lideratge visionari: una de les característiques més notables del lideratge de Mahoma va ser la seva capacitat per articular una visió clara i convincent per als seus seguidors. Des dels primers dies de la seva profecia, va imaginar una societat basada en la justícia, la igualtat i el culte a un sol Déu. Aquesta visió no es limitava a les aspiracions espirituals sinó que es va estendre a les reformes socials, polítiques i econòmiques. La seva visió va inspirar als seus seguidors a treballar per construir una nova comunitat i superar els reptes als quals s'enfrontaven.

Empatia i compassió: el lideratge de Mahoma estava profundament arrelat en l'empatia i la compassió. Va demostrar constantment comprensió i preocupació per les necessitats i els sentiments dels seus seguidors. Ja fos a través d'interaccions personals o en els seus discursos públics, el seu enfocament es va caracteritzar per la bondat i la sensibilitat. Era conegut per la seva habilitat per escoltar els altres, abordar les seves preocupacions i oferir suport i orientació d'una manera tranquil·litzadora i motivadora.

Enfocament consultiu (Shura): Un altre segell distintiu del lideratge de Mahoma va ser el seu enfocament consultiu, conegut com a **shura** . Sovint buscava les opinions i consells dels seus companys i membres de la comunitat en temes importants. Aquesta pràctica de consulta assegurava que les decisions es prenguessin amb aportacions des de diverses perspectives i contribuïa a un sentit de responsabilitat i propietat compartida dins de la comunitat. La voluntat del Profeta d'escoltar els altres i considerar les seves opinions va demostrar el seu respecte per la saviesa col·lectiva i va fomentar un enfocament participatiu del lideratge.

Dirigir amb l'exemple: l'estil de lideratge de Mahoma es va caracteritzar per liderar amb l'exemple. Va encarnar els principis que va predicar, demostrant a través de les seves pròpies accions com viure una vida d'integritat, humilitat i dedicació al benestar dels altres. La seva conducta personal en qüestions d'honestedat, justícia i compassió va servir de model per als seus seguidors. En alinear les seves accions amb els seus ensenyaments, va oferir una demostració pràctica dels valors i comportaments que defensava.

Visió estratègica: el lideratge de Muhammad també va implicar una visió estratègica i previsió. Va mostrar una capacitat notable per navegar amb prudència i adaptabilitat en situacions polítiques i socials complexes. Per exemple, el Tractat d'Hudaybiyyah, tot i que inicialment es va percebre com desfavorable, va ser estratègicament avantatjós i, finalment, va facilitar la propagació de l'islam. Les seves decisions sovint reflectien una comprensió profunda de les implicacions més àmplies i els resultats potencials, equilibrant les necessitats immediates amb els objectius a llarg termini.

Empoderament i confiança: apoderar els altres va ser un aspecte clau del lideratge de Mahoma. Delegava responsabilitats i confiava als seus companys papers significatius, animant-los a prendre iniciativa i contribuir a la comunitat. Aquest enfocament no només va crear un sentiment de confiança i lleialtat, sinó que també va fomentar un entorn de col·laboració on les persones se sentien valorades i motivades per aportar els seus millors esforços.

Justícia i equitat: la justícia i l'equitat eren fonamentals per a l'estil de lideratge de Mahoma. Va destacar constantment la importància de tractar els altres de manera equitativa i de mantenir els principis de justícia en tots els aspectes de la governança i les interaccions personals. El seu lideratge va estar marcat pel compromís d'assegurar que tots els membres de la comunitat rebien un tracte just i que els conflictes es resolguessin basant-se en principis d'equitat i rectitud.

Resolució de conflictes: l'enfocament de Mahoma per a la resolució de conflictes es va caracteritzar per la paciència, la diplomàcia i el focus en la reconciliació. Va abordar les disputes amb una perspectiva equilibrada i justa, buscant solucions que restablissin l'harmonia i fomentessin la comprensió. Els seus esforços per negociar tractats i resoldre conflictes van demostrar el seu compromís per mantenir la pau i l'estabilitat dins de la comunitat.

Integritat personal: el lideratge de Mahoma també es va definir per la seva integritat personal i l'adhesió als principis morals. Era conegut per la seva honestedat, confiança i humilitat. El seu caràcter i conducta li van valer el respecte i l'admiració dels seus seguidors, reforçant el seu paper de líder de confiança. La seva integritat va servir de base per al seu lideratge, inspirant confiança i respecte entre els que va dirigir.

Inclusió i unitat: el lideratge del Profeta va fomentar la inclusió i la unitat entre diversos grups dins de la comunitat. Va treballar per salvar les diferències entre diverses tribus i grups religiosos, posant èmfasi en els valors i objectius comuns que els unien. Els seus esforços per crear una societat cohesionada i harmònica van reflectir la seva comprensió de la importància de la inclusió i el respecte mutu per construir una comunitat forta i unificada.

Educació i desenvolupament personal: Muhammad va posar un fort èmfasi en l'educació i el desenvolupament personal. Va animar els seus seguidors a buscar coneixements, tant religiosos com seculars, i a utilitzar la seva comprensió per contribuir positivament a la societat. Els seus ensenyaments sobre educació van destacar la importància del creixement intel·lectual i moral com a components essencials d'un lideratge complet i eficaç.

Lideratge ètic: el lideratge ètic va ser una característica definitòria de l'enfocament de Mahoma. Es va adherir a un codi moral que posava èmfasi en el respecte als altres, l'equitat en el judici i el compromís amb el bé comú. Els seus estàndards ètics van guiar les seves decisions i interaccions, establint un precedent de com els líders haurien de comportar-se amb honor i integritat.

En resum, l'estil de lideratge del profeta Mahoma es va caracteritzar per la visió visionària, l'empatia, la presa de decisions consultives i el lideratge amb l'exemple. El seu enfocament al lideratge estava profundament arrelat en principis ètics, pensament estratègic i compromís amb la justícia i l'equitat. La seva capacitat per navegar per situacions complexes amb saviesa i adaptabilitat, alhora que manté un enfocament en el benestar de la seva comunitat, ofereix lliçons duradores de lideratge eficaç i compassiu. El seu llegat continua inspirant i informant les pràctiques de lideratge, reflectint els valors i principis atemporals que van guiar el seu paper com a líder.

Capítol 30: Continuació del missatge

El llegat del profeta Mahoma s'estén molt més enllà de la seva vida, influint en innombrables generacions mitjançant la propagació contínua del seu missatge. Els seus ensenyaments, recollits a l'Alcorà i als Hadith, han inspirat un moviment global, donant forma al teixit espiritual, ètic i social de les societats musulmanes. Els esforços en curs per continuar el seu missatge són polifacètics, i inclouen l'erudició religiosa, el lideratge comunitari i la conducta personal, tot dirigit a preservar i adaptar els seus ensenyaments als contextos contemporanis.

Preservació dels ensenyaments: la preservació dels ensenyaments del profeta Mahoma és fonamental per al seu impacte continuat. L'Alcorà, la font principal d'orientació islàmica, es va conservar meticulosament durant i després de la vida de Mahoma. La compilació de l'Alcorà en un sol volum poc després de la seva mort va assegurar que les seves revelacions divines romandrien intactes. A més, els hadith, registres de les dites, accions i aprovacions de Mahoma, van ser recollits i examinats acuradament pels estudiosos per garantir la seva autenticitat. Aquesta preservació meticulosa ha permès que els ensenyaments de Mahoma es transmetin amb precisió al llarg dels segles, proporcionant una base fiable per a la pràctica i la creença islàmica.

Paper dels estudiosos: els estudiosos islàmics (ulama) tenen un paper crucial en la continuïtat del missatge del Profeta. Interpreten i apliquen els ensenyaments islàmics a temes contemporanis, assegurant que la guia de Mahoma segueixi sent rellevant en contextos moderns. A través del treball acadèmic, inclòs l'estudi de la jurisprudència (fiqh), la teologia (aqidah) i l'ètica (akhlaq), els estudiosos proporcionen idees i solucions que aborden les necessitats en evolució de les comunitats musulmanes. Els seus esforços per enfrontar-se als reptes moderns mentre es mantenen fidels als principis fonamentals de l'Islam ajuden a superar la bretxa entre els ensenyaments històrics i les realitats contemporànies.

Institucions educatives: les institucions educatives, incloses les madrasses i les universitats islàmiques, són fonamentals per perpetuar el missatge de Mahoma. Aquestes institucions no només ensenyen coneixements religiosos, sinó que també fomenten una comprensió profunda dels principis islàmics entre els estudiants. Mitjançant l'educació de les futures generacions de musulmans en els camps religiosos i seculars, aquestes institucions contribueixen al desenvolupament de membres informats i compromesos de la societat que estan equipats per aplicar els ensenyaments islàmics en diversos aspectes de les seves vides.

Lideratge comunitari: els líders i les organitzacions de la comunitat també juguen un paper important en la continuïtat del missatge del Profeta. Treballen per implementar els valors islàmics en diversos àmbits, com ara la justícia social, la caritat i el servei comunitari. Mitjançant l'organització d'iniciatives que aborden qüestions socials, promouen un comportament ètic i donen suport a aquells que ho necessiten, aquests líders ajuden a encarnar i propagar els principis dels ensenyaments de Mahoma. El seu treball reflecteix l'èmfasi del Profeta en la compassió, la justícia i la millora de la societat.

Diàleg interreligiós: els principis del diàleg interreligiós i la cooperació, tal com va demostrar Mahoma, continuen influint en els esforços contemporanis per construir ponts entre diferents comunitats religioses. Participar en un diàleg constructiu amb seguidors d'altres religions promou la comprensió i el respecte mutus, reflectint l'enfocament del Profeta per a la convivència i la col·laboració pacífica. Aquestes interaccions ajuden a fomentar un esperit de tolerància i a destacar els valors compartits que uneixen les diverses tradicions religioses.

Conducta personal: La conducta personal dels musulmans, guiada pels ensenyaments de Mahoma, serveix com a testimoni viu del seu missatge. En esforçar-se per encarnar els principis ètics i morals ensenyats pel Profeta, les persones contribueixen a la perpetuació del seu llegat. Ja sigui mitjançant actes de bondat, honestedat, paciència o justícia, les accions quotidianes dels musulmans reflecteixen els valors que Mahoma defensava. Aquesta adhesió personal als principis islàmics ajuda a mantenir la rellevància dels seus ensenyaments en la vida quotidiana dels seguidors.

Divulgació global: el missatge del profeta Mahoma ha transcendit les fronteres geogràfiques i culturals, arribant a diverses poblacions d'arreu del món. La difusió de l'islam i els esforços de les comunitats musulmanes per comprometre's amb el públic global contribueixen a la difusió contínua dels seus ensenyaments. Mitjançant el treball missioner, l'intercanvi intercultural i l'ús d'eines de comunicació modernes, els principis de l'Islam continuen arribant a nous públics i inspirant persones a tot el món.

Adaptació als reptes moderns: la capacitat d'adaptar els ensenyaments de Mahoma per abordar els reptes contemporanis és crucial per a la rellevància continuada del seu missatge. Assumptes com els avenços tecnològics, les preocupacions ambientals i la justícia social requereixen un compromís reflexiu amb els principis islàmics. Mitjançant l'aplicació dels ensenyaments ètics i morals del Profeta a aquests contextos moderns, els musulmans poden abordar els problemes actuals mentre es mantenen fidels als valors fonamentals de l'Islam.

Expressió cultural i artística: la influència dels ensenyaments de Mahoma també es pot veure en diverses formes d'expressió cultural i artística. La literatura, l'art i els mitjans de comunicació que es basen en temes i valors islàmics reflecteixen l'impacte durador del seu missatge. Aquestes expressions no només conserven els ensenyaments del Profeta, sinó que també les fan accessibles i atractives per a diversos públics, contribuint a una apreciació i comprensió més àmplia dels principis islàmics.

El paper de la llei islàmica (Xaria): la llei islàmica, o Sharia, derivada de l'Alcorà i l'Hadith, continua guiant molts aspectes de la vida musulmana. L'aplicació de la Sharia en qüestions personals, socials i legals reflecteix la influència contínua dels ensenyaments de Mahoma. Tot i que les interpretacions i aplicacions de la Sharia poden variar, els principis bàsics derivats de la guia del Profeta segueixen sent fonamentals per a la pràctica de l'Islam i el govern de les comunitats musulmanes.

Inspiració per a la justícia social: els principis de justícia social subratllats per Muhammad continuen inspirant els esforços per abordar les desigualtats i promoure la justícia. Els seus ensenyaments sobre els drets dels pobres, els orfes i les dones serveixen de base per als moviments contemporanis que defensen la justícia social i econòmica. En defensar aquests valors, els musulmans contribueixen a crear una societat més equitativa i compassiva.

Conclusió: Continuar amb el missatge del profeta Mahoma implica un enfocament polifacètic que abasta la preservació dels ensenyaments, la interpretació acadèmica, l'educació, el lideratge comunitari, el diàleg interreligiós, la conducta personal, la divulgació global, l'adaptació als reptes moderns, l'expressió cultural i l'aplicació de la llei islàmica. . Els seus ensenyaments segueixen sent una font d'inspiració i orientació per als musulmans de tot el món, donant forma a la seva vida espiritual, ètica i social. A través d'aquests esforços en curs, el missatge de Mahoma perdura, continua influenciant i inspirant persones i comunitats en la seva recerca de la justícia, la compassió i la rectitud.

Conclusió

La vida i els ensenyaments del profeta Mahoma han deixat una empremta indeleble en la història, donant forma no només al marc espiritual i ètic de l'Islam, sinó que també influeixen en normes i valors socials més amplis. El seu llegat és un testimoni del profund impacte del lideratge basat en principis de justícia, compassió i saviesa.

El viatge del profeta Mahoma des d'un començament humil fins a un líder transformador reflecteix un compromís amb la conducta ètica i una profunda comprensió de la naturalesa humana. La seva vida exemplifica la integració de la fe i l'acció, demostrant com els principis espirituals poden guiar les decisions pràctiques i les interaccions socials. El seu lideratge es va caracteritzar per un enfocament visionari, empatia, presa de decisions consultiva i un compromís amb la justícia, servint com a model de govern eficaç i ètic.

Els ensenyaments del Profeta, conservats a través de l'Alcorà i els Hadith, continuen servint com a guia completa per a milions de persones a tot el món. Aquests ensenyaments aborden diversos aspectes de la vida humana, des de la conducta personal i la justícia social fins a l'ètica econòmica i les relacions internacionals. Els esforços en curs per interpretar i aplicar aquests ensenyaments a temes contemporanis posen de manifest la seva rellevància duradora i l'adaptabilitat dels principis islàmics a contextos canviants.

L'èmfasi del Profeta en l'educació, el servei comunitari i la integritat personal segueix sent fonamental per a la tradició islàmica. Les institucions educatives i els estudiosos juguen un paper crucial a l'hora de difondre i interpretar els seus ensenyaments, assegurant que el missatge de l'Islam segueixi inspirant i guiant les generacions futures. Els líders comunitaris i les persones que encarnen els valors del Profeta contribueixen a una societat més justa i compassiu, reflectint l'aplicació pràctica dels seus ensenyaments a la vida quotidiana.

Els principis de pau i reconciliació, fonamentals per a l'enfocament de Mahoma del conflicte, emfatitzen la importància del diàleg, l'empatia i el respecte mutu per resoldre les disputes. El seu llegat fomenta els esforços cap al diàleg interreligiós i la cooperació global, fomentant un esperit de tolerància i comprensió entre comunitats diverses.

En conclusió, la vida i els ensenyaments del profeta Mahoma representen un llegat profund que continua ressonant entre milions de persones a tot el món. El seu exemple de lideratge, compassió i compromís amb la justícia proporciona un marc atemporal per abordar els reptes tant de naturalesa personal com social. En adherir-se als valors que va defensar i esforçar-se per aplicar els seus ensenyaments en contextos contemporanis, les persones i les comunitats poden honrar el seu llegat i contribuir a un món més equitatiu, compassiu i harmoniós.